AF645502

DR. MED. MATTHIAS RIEDL

HEILEN SIE IHREN DIABETES

Blutzucker im Griff mit der 20:80-Methode

HEILEN SIE IHREN DIABETES

*Mit Texten von Kathrin Halfwassen,
Rezepten vom medicum Hamburg und
Rezeptfotos von Maria Grossmann
und Monika Schuerle*

ANHANG

REZEPTE

Starten Sie in einen gelungenen Tag – am besten mit einem Eiweiß-Frühstück, das Sie lange satt hält: Müsli und Porridge, Brot und Brötchen mit selbst gemachten Aufstrichen oder leckere Shakes versorgen Sie rundum.

Egal, ob Salat oder Bowl – diese raffiniert zusammengestellten Gerichte strotzen nur so vor Vitaminen, Mineralstoffen und Co. Wer die doppelte Menge macht, nimmt am nächsten Tag noch was ins Büro mit.

Suppe und Eintopf, Pasta und Pizza, Fleisch und Fisch: Hier kommen wärmende Sattmacher, die den Blutzuckerspiegel in Schach halten und fürs Abnehmen nach dem 20:80-Prinzip ideal sind.

Süß und gesund? Na, klar! Hier warten auch vegane Nachspeisen, die jeden und jede überzeugen werden. Als Notfall-Snack empfehlen wir Nuss-Snacks oder gefüllte Chicoréeblätter.

WARUM DIESES BUCH SO WICHTIG IST

Liebe Leserinnen, liebe Leser!
Als Diabetologe und Ernährungsmediziner habe ich schon mehrere Bücher zu diesen beiden Fachrichtungen verfasst. Warum ein weiterer Ratgeber? Aus zwei Gründen. Grund eins ist eine bahnbrechende Erkenntnis der aktuellen Forschung: Diabetes ist in vielen Fällen über Lebensstiländerungen tatsächlich heilbar. Grund zwei: Die meisten Diabetiker wissen davon – genau – nichts!

Letzteres hat viele Ursachen. Eine ist die skandalöse Ignoranz vieler behandelnder Ärzte. Noch vor einem Jahr musste ich mir nach einem Vortrag zur modernen Ernährungstherapie bei Diabetes fassungslos Sätze anhören wie: „Was Sie sagen, ist doch totaler Humbug. Diabetiker bleibt Diabetiker." Eine andere Ursache: Durch Schwächen im System verdienen Ärzte mehr daran, wenn sie Diabetiker jahrelang mit Insulin behandeln, als wenn sie sie bei einer Ernährungsumstellung begleiten.

Das zeigt: Diabetiker müssen – leider! – selbst aktiv werden, um von den Erkenntnissen der Forschung zu profitieren. Dieses Buch ist daher eine papiergewordene Version der Ernährungstherapie, wie ich sie im medicum Hamburg durchführe. Mit einem ganz ähnlichen Vorgehen: Zunächst erläutere ich Ihnen, warum Diabetes meist ein Wohlstandsproblem ist und welche aktuellen Erkenntnisse die Forschung zu Ursachen und Behandlung gewonnen hat – sowie zur medikamentösen Therapie, die manchmal zusätzlich zur Ernährungstherapie nötig ist.

Dann stelle ich Ihnen die bahnbrechendste Studie vor: jene, die belegt, dass schon reine Lebensstiländerungen einen Typ-2-Diabetes heilen können und dass sich bei Typ-1-Diabetes damit die Insulindosis deutlich verringern lässt. Was für eine Erkenntnis: Mit Maßnahmen, die vielen bekannt vorkommen dürften – regelmäßig Sport treiben, auf Entspannung achten und nach den Prinzipien einer artgerechten Ernährung essen –, lässt sich eine schwere Erkrankung heilen, die sonst die Lebenserwartung der Betroffenen teils drastisch verkürzt!

Diese Studie, so meine Hoffnung, wird Sie motivieren, im Anschluss an die Lektüre mit kleinen Schritten – gemäß dem erprobten 20:80-Prinzip – die Erkenntnisse der Wissenschaftler umzusetzen. Wie einfach das im Alltag gelingt, zeigen Ihnen die über 80 Rezepte, die das medicum-Team wieder im bewährten Stil für Sie zusammengestellt hat. Wichtig: Es würde den Umfang des Buches sprengen, im Detail auf Diabetes bei Kindern sowie Schwangeren einzugehen – im Großen und Ganzen gelten für diese Patientengruppen aber die gleichen Erkenntnisse, wie ich sie im Buch für die Allgemeinbevölkerung darstelle.

Auf geht's also! In ein Leben mit normalen Zuckerwerten – und der Aussicht auf viele gesunde Jahre.

Ihr Dr. Matthias Riedl

DIABETES MELLITUS: WOHLSTAND ALS PROBLEM

Welche Prozesse sind bei Diabetes im Stoffwechsel gestört und wo liegen die Ansatzpunkte für deren ganzheitliche Behandlung? Das erfahren Sie auf den nächsten Seiten. Denn nur wer über Diabetes grundlegend Bescheid weiß, kann die Erkenntnisse der Forschung einordnen und sein Leben so umstellen, dass Heilung möglich ist.

WENN UNSER LEBENSSTIL DEN STOFFWECHSEL RUINIERT

Obwohl Diabetes den Alltag von acht Millionen Menschen hierzulande bestimmt, ist das Wissen über diese Krankheit immer noch erschreckend gering. Das erfahre ich in meiner Praxis immer wieder. Die Ursache liegt – paradoxerweise – in der (vermeintlich) guten Behandelbarkeit der Krankheit mithilfe von Tabletten und Insulin. Einfach ein Medikament geben, den Blutzucker senken und gut! So denken nicht nur viele Betroffene, sondern auch erschreckend viele Ärzte. Gut hundert Diabetespatienten behandelt jeder Hausarzt in Deutschland und meist greifen die Mediziner umstandslos zum Rezept. Dabei zeigen Forschung und Statistik: Diese Behandlung ist zwar wirksam, aber nicht langfristig gut. Das belegt etwa die Tatsache, dass der weitaus größte Teil der Diabetiker an schlimmen Folgeerkrankungen leidet und ihre Lebenserwartung deutlich verkürzt ist. Um das zu ändern, braucht es vor allem Wissen. Wissen darüber, was Menschen in die Krankheit hineinführt … und was ihnen wieder heraushilft. Erlauben Sie mir daher an dieser Stelle einen kurzen Abriss über die körperlichen Grundlagen des Diabetes. Denn nur dann werden Sie von den weiteren Kapiteln dieses Buches profitieren und nach der letzten Seite beginnen können, Ihr Leben in Richtung »diabetesfrei« zu ändern.

WAS LÄUFT FALSCH IM KÖRPER VON DIABETIKERN?

Diabetes mellitus ist ein Oberbegriff für Störungen im Stoffwechsel, die zu einer sogenannten chronischen Hyperglykämie (»Überzuckerung«) des Blutes führen. Das ist der Grund, warum Diabetes auch »Zuckerkrankheit« heißt. Neben dem Zuckerstoffwechsel geraten zugleich meist auch der Fett- und der Eiweißstoffwechsel aus dem Takt. Die Ursache: Diabetikern mangelt es an dem Hormon Insulin. Dieses wird in den Beta-Zellen der Bauchspeicheldrüse produziert und steuert sämtliche Stoffwechselprozesse mit. Unter anderem bildet der Botenstoff eine Art Schlüssel, der die Zellen für die Zuckermoleküle öffnet, sodass diese dort als Energiequelle bereitstehen.

Diabetes Typ 1 und Typ 2

Experten unterscheiden zwei Hauptformen der Krankheit: Diabetes Typ 1 und Diabetes Typ 2. Bei der ersten Variante handelt es sich um eine Autoimmunerkrankung, die meist im Kindes-, Jugend- oder frühen Erwachsenenalter beginnt. Sie betrifft drei bis vier von tausend Menschen: Bei ihnen zerstört das körpereigene Abwehrsystem die Beta-Zellen der

INSULINWIRKUNG

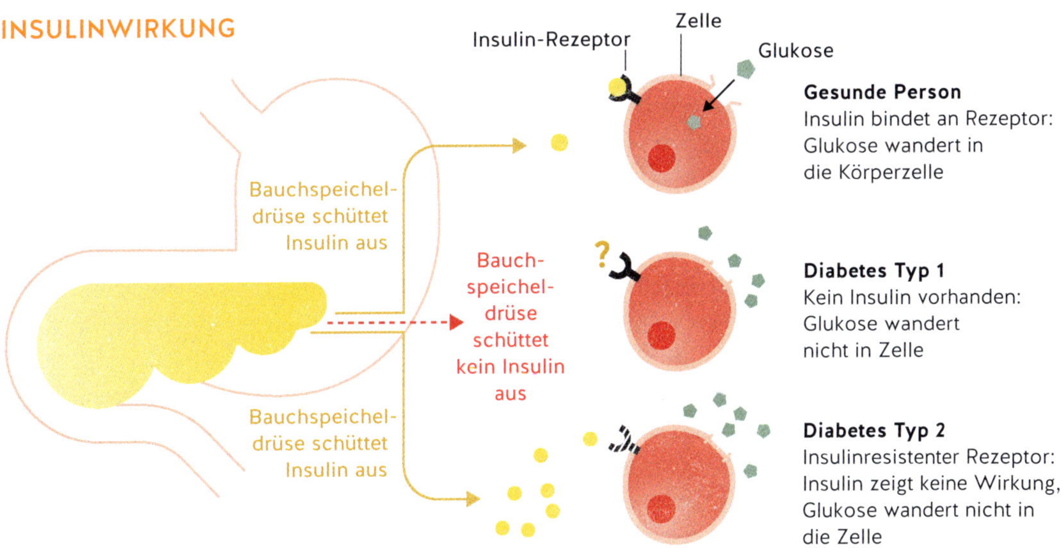

Bauchspeicheldrüse. In der Folge produziert der Körper kein Insulin mehr und der Zucker kann nicht in die Zellen gelangen. Daher müssen Typ-1-Diabetiker peinlich genau auf ihre Zuckerwerte achten und sich mehrfach täglich die passende Insulindosis spritzen. Nur damit können sie ihren Glukosespiegel stabil halten, um so Spätfolgen zu verhindern oder diese zumindest deutlich zu verzögern. Bei einem Typ-2-Diabetes dagegen produziert die Bauchspeicheldrüse mit Fortschreiten der Krankheit immer weniger Insulin. Zudem ist die Wirkung des Insulins auf die Zellen vermindert. Diese Diabetesvariante entwickelt sich schleichend und hat eine Vorstufe, den Prädiabetes. Typ-2-Diabetes tritt meist im Zusammenspiel mit weiteren Problemen auf, wie etwa Bluthochdruck und erhöhten Blutfetten. Der stärkste Risikofaktor ist jedoch Übergewicht: 80 Prozent der Typ-2-Diabetiker sind fettleibig (»adipös«), haben also einen BMI von mehr als 30.

ÜBLE SPÄTFOLGEN

Die diabetestypischen Gefäßablagerungen sorgen bei fast allen Patienten früher oder später für Folgeerkrankungen. So gehen etwa 40 000 Amputationen pro Jahr, vor allem der Füße, auf Diabetes zurück. 2 000 Menschen erblinden infolge ihrer Erkrankung. Bis zu 40 Prozent aller Diabetiker leiden unter Nierenschäden – mehr als 2 000 von ihnen werden pro Jahr dialysepflichtig, brauchen also eine künstliche Blutwäsche. Auch häufig: Sexualstörungen und Neuropathie, eine Nervenkrankheit, die sich in Schmerzen, Missempfindungen und Taubheitsgefühlen äußert. Vor allem aber erhöht Diabetes das Risiko für Schlaganfall und Herzinfarkt um das Doppelte bis Dreifache: Hieran sterben drei von vier Diabetespatienten vorzeitig.

DIE URSACHE FÜR DIE MEISTEN DIABETESFÄLLE

Die Ursachen für den Typ-1-Diabetes werden noch erforscht: Es besteht eine gewisse genetische Veranlagung, auch Umweltfaktoren sowie Infektionen spielen eine Rolle. Wer den Typ-2-Diabetes verstehen will, muss dagegen auf unsere moderne Lebensweise schauen. Sie ist der Grund, weshalb so viele Menschen daran erkranken. Dabei gibt es vor allem zwei Hauptprobleme: Die meisten von uns nehmen täglich deutlich mehr Energie auf, als sie durch Bewegung verbrennen, und essen zu viele schnell verdauliche (oder auch: »leere«) Kohlenhydrate. So bezeichnen Experten Zuckerstoffe, die aus maximal zwei Molekülen bestehen, wie Glukose, Fruktose, Laktose und Saccharose (Haushaltszucker). Diese Stoffe liefern nichts außer schnell verfügbarer Energie. Leere Kohlenhydrate stecken vor allem in Produkten aus raffiniertem Mehl, wie etwa Pasta und Weiß- und Mischbrot, in geschältem Reis, Mais (Cornflakes) – und natürlich in allen Süßigkeiten und den meisten verarbeiteten Lebensmitteln. Ein ehrlicher Blick auf den eigenen Speiseplan dürfte bei den meisten ergeben: Diese Produkte machen den Löwenanteil der konsumierten Nahrung aus!

Die Blutzucker-Grenzwerte im Überblick

	NORMAL	PRÄDIABETES	DIABETES
Blutzucker, nüchtern (mg/dl)	≤ 100	100–125	≥ 126
HbA1c (%), Langzeitblutzucker	≤ 5,6	5,7–6,4	≥ 6,5
Blutzucker, 2 Stunden nach Zuckerbelastung	≤ 139	140–199	≥ 200

Wie Kohlenhydrate unserem gesamten Organismus schaden

Warum steht die schnell verfügbare Energie am Ausgang des Diabetes, sofern dieser nicht genetisch bedingt ist? Das beruht auf einer körperlichen Fähigkeit, die unseren Vorfahren bis vor hundert Jahren das Überleben sicherte: Wenn wir die rasch verfügbare Energie aus Kohlenhydraten nicht direkt verbrennen, wandelt die Leber einen Großteil davon in Fett um. Dieses speichert sie zunächst in organeigenen Fettdepots. Sind diese gefüllt, landen die Fette in speziellen Speicherzellen am Bauch, darüber hinaus erhöhen sich die Blutfette. So konnten unsere Ahnen Hungerperioden überstehen, die über Jahrtausende so zuverlässig zum Leben gehörten wie Sonne zum Sommer.

Der moderne Mensch nun erfährt in den meisten Gegenden der Welt jedoch nicht nur keine Mangelphasen mehr – sondern lebt, historisch betrachtet, in einem unglaublichen Überfluss, sichtbar an prall gefüllten Supermarktregalen. Auf die dadurch möglich gewordene Kohlenhydratschwemme ist unser Körper jedoch nicht vorbereitet – braucht es doch Jahrtausende, ehe er sich an veränderte Umweltbedingungen anpassen kann. Und so hört die Leber selbst dann nicht auf, Energie in Speicherfett umzuwandeln, wenn alle normalen Depots längst gefüllt sind. Dann lagert sich das Fett nicht nur in der Bauchhöhle an, sondern in den Organen selbst. Und zwar in allen. Am Anfang ist es die Leber, die verfettet. Das erklärt, weshalb 85 Prozent aller stark Übergewichtigen und Diabetiker an einer nichtalkoholischen Fettleber erkranken – die im Extremfall zu mehr als doppelter Größe anwachsen und in der Folge ihre Funktionsfähigkeit komplett einbüßen kann. An zweiter Stelle verfettet die Bauchspeicheldrüse und die reagiert darauf besonders empfindlich: Steigt der Fettanteil um nur zwei Prozent, schwächt das bereits die Funktion der Beta-Zellen, die das Insulin herstellen.

Der Stoffwechsel im Teufelskreis

Das große Übel: Leber und Bauchspeicheldrüse nehmen nicht nur jeweils für sich allein Schaden. Sie stehen darüber hinaus in engen Wechselbeziehungen zueinander, was die Entwicklung eines Diabetes beschleunigt und, wenn er bereits besteht, seine Ausprägung verschlimmern kann.

> »JEDER ZWEITE DIABETIKER ERHÄLT DIE DIAGNOSE DURCH EINEN ZUFALLSBEFUND.«
>
> DR. MATTHIAS RIEDL

Der unheilvolle »Twin-Cycle«

Erforscht hat diese Prozesse vor allem der Diabetologe Ron Taylor. Er entwickelte die »Twin-Cycle-Theorie« (Zwillings-Zyklus), die die Bedeutung der Ernährungsmedizin in der Diabetesbehandlung deutlich erhöht hat. Taylor beschrieb zum Beispiel Folgendes: Sobald die Leber zu verfetten beginnt, produziert sie ein Eiweiß, »Fetuin-A«, das zu einer Entzündung der Bauchspeicheldrüse führt. Dadurch kann diese noch schlechter arbeiten. Gleichzeitig ist sie aber durch den hohen Kohlenhydratkonsum auf Dauerbetrieb gestellt: Denn dadurch schwimmen stets Zuckerstoffe im Blut, die mithilfe von Insulin in die Zellen geschleust werden müssen. In der Konsequenz ist auch von diesem Hormon viel zu viel im Blut. Die Folge: Der Körper reagiert bald weniger gut auf das Hormon, er wird »insulinresistent«. Dadurch wiederum werden nicht mehr alle Zellen für den Zucker geöffnet – und der Teufelskreis schließt sich zunehmend: Immer mehr Glukosemoleküle bleiben im Blut, der Blutspiegel steigt weiter an, der Fettstoffwechsel samt den Blutfetten verschlechtert sich.

Das wiederum führt zu einer zusätzlichen Verfettung der Leber – und das, Sie ahnen es, schwächt in der Folge die Bauchspeicheldrüse noch mehr. Der Twin-Cycle mit seiner üblen Negativspirale erklärt damit auch, weshalb die sogenannten »dicken Dünnen« ebenfalls ein erhöhtes Diabetesrisiko haben – jene Menschen, die zwar einen normalen BMI aufweisen, bei denen sich das Körperfett aber vor allem an der Körpermitte sammelt. Wer also bereits eine Fettleber, einen erhöhten Bauchumfang oder einen Prädiabetes diagnostiziert bekommen hat und weiter isst wie bisher, der landet unweigerlich im manifesten Typ-2-Diabetes. Denn irgendwann ist der Schaden an der Bauchspeicheldrüse so groß, dass sie erschöpft die Arbeit mehr oder weniger einstellt. Dann produziert das Organ nur noch sehr wenig Insulin, mitunter gar keines mehr. Das sorgt für einen teilweise extrem erhöhten Blutzucker – und dieser wiederum zieht, wie die fortschreitende Verfettung des Körpers auch, alle anderen Organe in Mitleidenschaft, besonders Herz, Augen und Nieren.

Der Körper hält lange durch

Kurzum: Das Zuviel an Energie, insbesondere aus »leeren« Kohlenhydraten, das wir uns tagtäglich einverleiben, bringt sämtliche Stoffwechselprozesse aus dem Takt. Unser Körper kann diese Störungen allerdings lange kompensieren, weshalb Diabetiker häufig auch keine Beschwerden haben. Erst, wenn der Blutzucker permanent extrem stark erhöht ist, zeigen sich die typischen Symptome, wie etwa stetiger Harndrang und starker Durst: Beides zeigt an, dass der Körper versucht, den Zucker über den Urin auszuscheiden – weshalb dieser bei Diabetikern süß schmeckt. Daher stammt auch der Name: »Diabetes mellitus« bedeutet übersetzt so viel wie »honigsüßer Durchfluss«. Weitere typische Symptome: eine hohe Infektanfälligkeit, schlecht heilende Wunden sowie plötzlicher Gewichtsverlust.

Das große Problem: Während sich ein Typ-1-Diabetes meist innerhalb weniger Wochen

DIABETESSTATISTIK: DAS DESASTER IN ZAHLEN

- **8 Millionen** Menschen leiden in Deutschland aktuell an Diabetes; dazu kommen schätzungsweise 2 Millionen, bei denen die Erkrankung noch unerkannt ist.
- **Circa 341 000** Betroffene haben einen angeborenen Diabetes Typ 1, der große Rest, etwa 95 Prozent, den lebensstilbedingten Diabetes Typ 2.
- **Verfünffacht** hat sich in den vergangenen zehn Jahren die Zahl der Kinder und Jugendlichen mit Diabetes Typ 2. Der Auslöser ist meist Fettleibigkeit, die häufigste chronische Erkrankung im Kindes- und Jugendalter.
- **600 000** Menschen erkranken pro Jahr neu an Diabetes Typ 2 – das entspricht 1 600 pro Tag. Damit liegt Deutschland im europaweiten Vergleich auf Platz 2.
- **Im Jahr 2040** werden hierzulande wahrscheinlich etwa 12 Millionen Diabetiker leben.
- **8 Jahre lang** leben Patienten im Schnitt mit dem Diabetes, ehe er diagnostiziert wird.
- **Mindestens 6 Jahre** ist die Lebenserwartung von Diabetikern verkürzt verglichen mit Nichtdiabetikern.
- **40–50 Prozent** der Typ-2-Diabetiker erhalten blutzuckersenkende Tabletten, mehr als 1,5 Millionen Insulin.
- **Jeder 9. Euro** deutscher Krankenversicherungsausgaben wird für Diabetes verwendet; insgesamt liegen die Kosten bei 16,1 Milliarden Euro.

entwickelt, die Symptome sehr drastisch ausfallen und die Diagnose über den Nachweis bestimmter Antikörper leicht zu stellen ist, bemerken mindestens 50 Prozent aller Typ-2-Diabetiker nichts von ihrer Krankheit. Weil sie beispielsweise keinen verstärkten Durst empfinden. Bei ihnen ist die Diagnose dann ein Zufallsbefund – und ein Folgeschaden, beispielsweise eine verminderte Sehkraft infolge geschädigter Kleinstgefäße, ist meist schon eingetreten.

Deshalb rate ich allen, die übergewichtig sind, einen erhöhten Bauchumfang haben und/oder sich ständig müde fühlen, einen Blutzuckertest beim Arzt machen zu lassen. Denn das Symptom Müdigkeit zeigen beinahe alle Betroffenen. Der Grund: Die Leber und das Blut bilden eine Art Industriegebiet des Körpers. Das meiste der Nährstoffe und des Baumaterials, das wir brauchen, wird dort hergestellt, recycelt und über das Blut verteilt. Sind die Abläufe gestört, stockt der Nachschub – und dem Körper geht die Energie aus. Dies erklärt die Müdigkeit. Jetzt, da Sie wissen, was Diabetes bedeutet und wie er entsteht, kommen wir zum Erfreulicheren: der ernährungsmedizinischen Forschung. Diese hat in den letzten Jahren spannende Erkenntnisse gewonnen, die Diabetikern Hoffnung machen, und zwar auf Heilung.

DIABETES IM BRENNPUNKT: NEUESTE FORSCHUNGSERKENNTNISSE

Schon als jungem Mediziner in der Facharztausbildung war mir klar: Die Behandlung, wie Diabetiker sie damals erfuhren und mehr noch heute erfahren, ist eine einzige Respektlosigkeit. »Stellen Sie den mal auf Insulin ein – und geben Sie ihm ein Buch zum Abnehmen. Aber schlanker wird der sowieso nicht«, wies mich etwa ein Chef in den 80er-Jahren an, kurz nachdem er einen Patienten mit der Diagnose Typ-2-Diabetes konfrontiert hatte. Natürlich hätte dieser stark übergewichtige Betroffene kein Gewicht verloren – schließlich war längst bekannt, dass Insulin Menschen leichter zu- und schwerer abnehmen lässt. Doch auf den Umkehrschluss, erst das Übergewicht als Ursache der allermeisten Diabeteserkrankungen zu bekämpfen, anstatt direkt die Insulinkeule auszupacken, kam

SCHWIERIGE FORSCHUNG

Kritiker werfen mir oft vor, ernährungsmedizinische Studien könnten keine endgültigen Wahrheiten erbringen. Stimmt. Denn die »kontrolliertrandomisierten Studien«, der Goldstandard der Forschung, sind hier ethisch unmöglich. Um etwa zu beweisen, dass ein hoher Fleischkonsum Diabetes begünstigt, müsste man einer von zwei Probandengruppen über Jahre hinweg denselben verordnen. Hinzu kommt: Ernährungsforschung ist häufig von der Industrie (mit)finanziert – was deren Ausgang nicht selten beeinflusst. Und dennoch: Die Zahl der qualitativ hochwertigen Arbeiten ist in den vergangenen 15 Jahren derart rasant gestiegen, dass kein ernst zu nehmender Mediziner mehr die Hinweise darauf ignoriert, welche Ernährung uns krank macht – und welche uns lang gesund hält.

niemand. Zu bequem und vermeintlich wirkmächtig schien die medikamentöse Therapie mit Tabletten und Insulinspritzen. Und das, obwohl bereits damals schon viele Wissenschaftler ahnten, dass eine angepasste Ernährung zumindest den Typ-2-Diabetes langfristig zurückdrängen könnte. Für mich ist es daher ein großes Glück, beinahe täglich neue Studien zu lesen, die zeigen, dass Insulin – anders als die Ernährungstherapie – nur eine letzte Option für schwere und fortgeschrittene Fälle sein sollte und nicht der Normalfall. Und die aufräumen mit typischen Ratschlägen, die mit dem Wissen von heute teilweise anmuten wie Körperverletzung – etwa der Empfehlung, Diabetiker sollten mit Fruchtzucker süßen. Mittlerweile ist klar: Fruktose ist der für Diabetiker ungünstigste Zuckerstoff überhaupt!

DIE WICHTIGSTEN STUDIEN IM ÜBERBLICK

Weil die aktuelle Forschung so spannend und Mut machend ist, stelle ich Ihnen einige wissenschaftliche Untersuchungen vor – alle zur Frage, wie sich die Entstehung von Diabetes aufhalten und eine manifeste Erkrankung über den Lebensstil behandeln lässt.

Prädiabetes lässt sich stoppen

Menschen mit Prädiabetes können die Wahrscheinlichkeit, dass sich daraus ein echter Diabetes entwickelt, beinahe halbieren – wenn sie nur geringe Lebensstiländerungen vornehmen. So lautet das Ergebnis der Norfolk Diabetes Prevention Study (NDPS), der größten Studie zur Diabetesprävention der vergangenen 30 Jahre. Für die Untersuchung teilte ein englisches Forscherteam rund tausend, meist adipöse Probanden mit Prädiabetes in drei Gruppen ein. Die erste bekam Schulungen mit alltagstauglichen Tipps zur gesünderen Lebensführung, die zweite wurde zusätzlich von Mentoren unterstützt, die dritte erhielt keine besondere Behandlung. Ergebnis der Kontrolluntersuchung nach mindestens zwei Jahren: Verglichen mit den Teilnehmern der dritten Gruppe konnten die Probanden aus den Interventionsgruppen ihr Risiko für Diabetes um 40 bis 47 Prozent reduzieren.

> »EURE NAHRUNGS-MITTEL SOLLEN EURE HEILMITTEL SEIN.«
>
> HIPPOKRATES

Schlafmangel schadet extrem

Viele Studien haben es lange angedeutet – schwedische Wissenschaftler konnten nun mit einer groß angelegten Metastudie bestätigen: Schlafmangel ist ein eigenständiger Risikofaktor für Diabetes. Für ihre Analyse sichteten die Forscher 238 Studien. Dabei zeigte sich unter anderem: Die Wahrscheinlichkeit für Typ-2-Diabetes erhöhte sich um 17 Prozent, wenn die Menschen wenig und schlecht schliefen. Mögliche Erklärungen liefern andere Studien. So essen Menschen, die weniger als sieben Stunden Schlaf bekommen, im Schnitt ungesünder und unregelmäßiger als Personen, die sieben oder acht Stunden pro Nacht schlummern. Auch stört schlechter Schlaf Stoffwechselprozesse: Muskeln ziehen benötigte Energie dann eher aus Proteinen als aus Glukose, was den Blutzuckerspiegel erhöht. Zudem verstärkt Schlafmangel eine Insulinresistenz und befördert Schwankungen im Glukosespiegel. Ein Grund: Bei schlechten Schläfern ist der Spiegel des Stresshormons Cortisol erhöht – einem Botenstoff, der die Wirkung von Insulin abschwächt und zugleich Heißhunger provoziert.

Stressabbau senkt Blutzucker

Auch Stress und Depressionen sorgen dafür, dass der Cortisolspiegel nachts nicht wie normal abfällt, sondern permanent hoch ist. Das erhöht nicht nur das Risiko, an Diabetes zu erkranken, sondern erschwert auch die Einstellung des Blutzuckers, wenn Menschen bereits erkrankt sind. Verschiedene Studien zeigen aber: Lernen Typ-2-Diabetiker, Achtsamkeitsübungen zum Teil ihrer täglichen Routine zu machen, ihre Aufmerksamkeit bewusst zu lenken und damit Stress zu reduzieren, lässt sich damit der Langzeitblutzuckerwert HbA1c schon innerhalb von drei Monaten deutlich senken.
Darüber hinaus kann ein sechsmonatiges Meditationsprogramm bei Patienten mit koronarer Herzkrankheit nicht nur den HbA1c-Wert, sondern zudem den Nüchternblutzucker verbessern. Dass sich diese Ergebnisse der Herzpatienten auf Diabetiker übertragen lassen, davon bin ich überzeugt! Das Tolle: Der Forschung zufolge verbessern alle Maßnahmen, die helfen, Stress zu reduzieren, das Diabetesmanagement – egal, ob Yoga, ein Spaziergang oder das Lesen eines Buchs. Hauptsache, es macht den Personen Freude und sie tun es regelmäßig.

DIE ERNÄHRUNG IST ENTSCHEIDEND

Am allerliebsten beschäftige ich mich von Berufs wegen natürlich mit Studien, die sich mit der Rolle von Lebensmitteln bei der Diabetesbehandlung befassen. Inzwischen gibt es Hunderte hochwertiger Untersuchungen, die meine Erfahrungen aus der Praxis theoretisch unterfüttern. Und zeigen: Wer seine Ernährung anpasst, reduziert nicht nur die Wahrscheinlichkeit, an Diabetes zu erkranken, sondern kann ein bereits bestehendes Leiden signifikant verbessern. Im Folgenden eine Auswahl besonders faszinierender Studien – großer wie kleiner.

»JEDER KANN ES SCHAFFEN!«

Barbara Pregger (55) ist eine »Süße«, wie sie sagt: Lange konnte sie das Naschen nicht lassen. Bis der Diabetes kam und damit der Druck, ihre Ernährung zu ändern.

Das Verlangen nach Süßem begleitet mich seit meiner Kindheit. Für gute Noten bekam ich ein Eis. Gummibärchen sorgten für Trost und beruhigten mich, wenn ich aufgeregt war. Natürlich versuchte ich als Erwachsene, meinen Zuckerkonsum zu reduzieren – aber ich war einfach süchtig. Wie ein Alkoholiker Flaschen versteckt, bunkerte ich Süßigkeiten in der Handtasche, aß sie außer Haus und warf die leeren Tüten in öffentliche Mülleimer. Vor etwa drei Jahren ging es mir körperlich immer schlechter. Als der Arzt sagte, mein Langzeitblutzuckerwert läge bei 7,2 Prozent, und mir Metformin empfahl, brach ich in Tränen aus. So weit war es gekommen: Ich hatte mich in den Diabetes genascht!

So heftig die Diagnose ist, so strikt fällt die Therapie aus

Wenig später ging ich beruflich nach Hamburg. Eine Apothekerin erzählte mir von Dr. Riedls Ernährungstherapie. Ich schrieb eine Mail ans medicum und hatte kurz vor Weihnachten – ausgerechnet! – meinen ersten Beratungstermin. Danach dachte ich: Oh je, du darfst ja gar nix mehr essen. Zugleich wusste ich: Das muss der Weg sein! Du bist über die Ernährung in den Diabetes hineingerutscht, du kommst darüber auch wieder heraus. Außerdem hat mich überzeugt, wie viele Studien es zum Thema schon gibt, die zeigen, dass diese Therapie wirklich wirkt.

Das Ernährungsprotokoll zu Beginn zeigte mir schwarz auf weiß, was ich mir da jeden Tag antat. Also strich ich alles Süße. Aß nur noch zwei Mahlzeiten, morgens Porridge mit ein wenig Granola, abends oft Gemüse mit etwas Eiweißreichem – oder selbst gemachte Vollkornpasta. Wenn ich naschte, dann vor allem Nüsse, mal eine Dattel oder einen selbst gemachten Schokopudding aus Avocado, Banane und Kakao.

Den Erfolg sehe ich jeden Tag

Natürlich: Anfangs war das der Horror! Aber die regelmäßigen Telefonate mit meiner Ernährungsberaterin haben mich motiviert. Inzwischen bin ich an diese Ernährung mit wenig Kohlenhydraten gewöhnt. Ein Trick, der mir hilft: Wenn ich merke, hui, heute ist kein guter Tag, du hast Lust auf Gummibärchen, kaufe ich Lebensmittel online ein – um im Supermarkt nicht plötzlich wieder in Versuchung zu geraten. Den Erfolg sehe ich jeden Tag im Spiegel – und in den Arztbriefen. Ich habe 18 Kilo abgenommen und wiege seit zwei Jahren stabil etwa 64 Kilo bei einer Größe von 1,64 Metern. Mein Langzeitblutzucker: gesunde 5,8 Prozent. Auch meine Schilddrüsen- und Leberwerte haben sich normalisiert. Das Beste aber: Ich weiß zwar, dass das Verlangen nach Süßem mein Leben lang bleiben wird. Ich weiß aber auch, dass ich es absolut im Griff habe.

Sabotage-Nährstoff Kohlenhydrate

Kaum leere Kohlenhydrate, dafür viel Gemüse, Vollkorn, jede Menge Nüsse und gesunde Öle: Dass dieser traditionelle Speiseplan des Mittelmeerraums heute hilft, Diabetes zu bessern, hat eine systematische Übersichtsarbeit gezeigt. Für ihre Studie analysierten Wissenschaftler vom Deutschen Institut für Ernährungsforschung zusammen mit europäischen Kollegen 56 Studien, um die Auswirkung von neun unterschiedlichen Ernährungsstilen auf den Zuckerstoffwechsel von Typ-2-Diabetikern zu untersuchen.
Ergebnis: Die kohlenhydratreduzierte Ernährung (Low Carb) verbesserte den Langzeitzucker am besten, dicht gefolgt von einem Speiseplan gemäß der Mittelmeerdiät. Letztere senkte zudem den Nüchternzucker am effektivsten. Entsprechend empfiehlt auch der Konsensbericht eines internationalen Forscherteams die mediterrane Ernährung als optimal für Prä- wie Typ-2-Diabetiker.

HOFFNUNGSTRÄGER NR. 1: UNSER MIKROBIOM
Die Darmflora von Übergewichtigen und Diabetespatienten weist oft eine ungünstige Zusammensetzung von Bakterienarten auf. Daher betrachten Forscher individuell auf ärztlichen Rat angemixte Prä- und Probiotika, die die Balance der Darmflora wiederherstellen, als vielversprechende Therapie für die Zukunft. Noch besser sind natürliche Bakterien: je vielfältiger unsere Nahrung, je reicher an Ballaststoffen und fermentierten (milchsauer vergorenen) Lebensmitteln, desto gesünder das Mikrobiom. Fertigprodukte und ihre Zusatzstoffe, wie etwa Süßstoffe, dagegen töten die günstigen Bakterien ab und fördern die unguten.

Helfer-Nährstoff 1: pflanzliches Eiweiß

Hülsenfrüchte und Nüsse sind typisch für die Mittelmeerkost – und außerdem reich an pflanzlichen Eiweißen. Dieser Nährstoff verzögert die Magenentleerung, sättigt gut und verhindert, dass der Blutzucker allzu rasch ansteigt. Dass pflanzliche Proteine eine Erklärung dafür sein könnten, weshalb die Mittelmeerkost uns Menschen und insbesondere Diabetikern so guttut, hat nun ein internationales Forscherteam bestätigt. Die Wissenschaftler werteten Gesundheitsdaten von mehr als 100 000 Frauen aus. Dabei zeigte sich: Wer besonders viel tierisches Eiweiß zu sich nahm, hatte eine verkürzte Lebenserwartung – infolge von Herz-Kreislauf-Erkrankungen. Frauen dagegen, die besonders viel pflanzliches Eiweiß konsumierten, lebten länger. Weil sie nicht nur seltener an kardiovaskulären Erkrankungen litten, sondern auch an anderen potenziell tödlichen Krankheiten. Das Spannende: Dieser Effekt war unter jenen Probanden, die mindestens einen Risikofaktor aufwiesen – wie etwa Diabetes –, besonders ausgeprägt. Öfter mal die Frikadelle aus Hackfleisch gegen einen Linsenburger auszutauschen, reduziert also nicht nur Heißhunger und erleichtert so die Gewichtsabnahme, sondern erhöht zudem die Lebenserwartung.

Helfer-Nährstoffe 2: gesunde Fette

Nicht nur ist widerlegt, dass Fett fett macht, inzwischen ist sogar das Gegenteil bewiesen: Gutes Fett hält schlank – und hilft so gegen Übergewicht als Hauptursache von Diabetes. Das zeigte etwa die sogenannte Predimed-Studie, eine groß angelegte Vergleichsuntersuchung, für die spanische Forscher mehr als 7 000 Menschen über Jahre hinweg begleiteten. Mit beeindruckendem Ergebnis: Probanden, die viel gutes Fett zu sich nahmen, etwa aus Mandeln und Olivenöl, hatten ein deutlich geringeres Risiko für Übergewicht, Diabetes, Herzinfarkt und Krebs – verglichen mit jenen Studienteilnehmern, die sich fettarm ernährten.

Laut einer Studie aus Finnland kann der Verzehr von Schwarzen Johannisbeeren helfen, die Blutzuckerkurve flach zu halten.

Sonstige Helfer: Ballaststoffe

Wer alle Studien zu den Segenswirkungen von Gemüse, (zuckerarmem) Obst, Hülsenfrüchten und Vollkornprodukten lesen wollte, bräuchte dafür Jahre. Hier zwei kleine, dafür sehr spannende Studien: Finnische Forscher fanden heraus, dass Schwarze Johannisbeeren den Anstieg des Blutzuckers nach einer Mahlzeit reduzieren und auch dessen anschließenden Abfall verzögern. Schon kleine Portionen (75 Gramm) genügen für diesen günstigen Effekt. Er beruht wahrscheinlich auf den sogenannten Anthocyanen, sekundären Pflanzenstoffen, die den Beeren ihre Farbe verleihen – und die Aufnahme von Glukose aus dem Dünndarm verlangsamen.

Die Wirkung von Ballaststoffen untersuchten Forscher vom Deutschen Institut für Ernährungsforschung in Potsdam. Für ihre Opti-Fit-Studie ließen sie 89 Patienten mit einem Prädiabetes über zwei Jahre hinweg zweimal täglich ein Ballaststoffpräparat trinken. Die anschließende Analyse der Gesundheitsdaten zeigte: Durch die erhöhte Ballaststoffzufuhr konnten die Probanden ihre Langzeitblutzuckerwerte stabilisieren. Bei jenen, die nur ein Placebo erhalten hatten, erhöhten sich die Werte dagegen.

Sie sehen: Über den Lebensstil können Diabetiker viel bewirken. Mitunter brauchen sie dennoch auch Medikamente. Zum Glück hat sich auch in diesem Bereich viel getan.

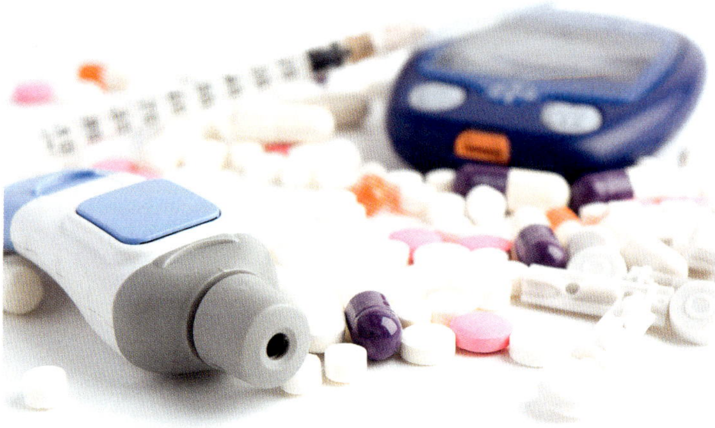

DIABETESMEDIKAMENTE:

KLASSIKER UND HOFFNUNGSTRÄGER

Mehr als 2,2 Milliarden Euro geben die Kassen der gesetzlichen Krankenversicherung im Jahr für Diabetesmedikamente aus. Was das im Alltag bedeutet, sehe ich gut, wenn langjährige Diabetespatienten das erste Mal zu mir in die Praxis kommen: Nicht selten nehmen sie mehr als fünf verschiedene Medikamente ein – und die Insulindosierung rangiert bei einem Vielfachen des Normalbedarfs. Diabetes ist mehr und mehr zu einer Medikamentenschlacht geworden. Galten vor 30 Jahren 30 Einheiten Insulin noch als viel, werden jetzt manchmal bis zu 500 Einheiten eingesetzt, um den Blutzucker einigermaßen zu drosseln. Das Üble dabei: Viele Patienten wissen über die Wirkweise von Medikamenten und die Wirkweise im Körper nur sehr wenig. Und erfahren so zuverlässig

DEN TURBO ZÜNDEN

Die »intensivierte konventionelle Insulintherapie« kombiniert Verzögerungsinsuline, die eine Grundversorgung über den Tag sichern, mit kurzwirksamen Insulinen, die Blutzuckerspitzen nach Mahlzeiten verhindern. Diese Behandlung ermöglicht es Patienten, die Insulingaben via Pen oder Pumpe je nach Tagesablauf flexibel zu steuern. Ein kürzlich zugelassenes ultraschnelles Insulin (»ultra rapid lispro«, URLi) verbessert diese Therapie: Es hilft, nach einer Mahlzeit rascher den gewünschten Blutzucker-Korridor zu erreichen. Zudem hatten Probanden mit diesem Insulin zwei Stunden nach der Mahlzeit bessere Blutzuckerwerte als mit anderen Turbo-Insulinen.

über die Jahre eine Steigerung ihrer Medikation: Reicht das eine Medikament nicht mehr, gibt es ein weiteres obendrauf.
Sind die Patienten irgendwann bei mir in der Sprechstunde, mache ich mit dieser Praxis direkt Schluss! Sicher: Von hundert auf null setze ich in Sachen Medikation kaum eine Patientin oder einen Patienten – schließlich braucht eine Ernährungstherapie Zeit, um wirken zu können. Aber ich gestalte die Therapie zielgerichteter. Denn wir Diabetologen haben in den vergangenen zehn Jahren neue Wirkstoffe dazubekommen, die eine sehr individuelle Behandlung erlauben.

DIE BEWÄHRTEN THERAPIE-KLASSIKER

Im Folgenden möchte ich Ihnen eine kurze Übersicht über Altbewährtes und Neues liefern. Sollten Sie ein Medikament einnehmen, das ich hier nicht aufführe und das aber schon lange auf dem Markt ist, sollten Sie unbedingt einen Spezialisten aufsuchen. Denn dann gibt es sehr wahrscheinlich eine moderne, bessere Therapie für Sie.

Insulin

Diabetikern fehlt das Hormon Insulin – oder dessen Wirkung ist abgeschwächt. Da liegt es nahe, das Hormon einfach zu ersetzen. Bei Typ-1-Diabetikern ist das tatsächlich alternativlos, da ihre Beta-Zellen in der Bauchspeicheldrüse kein Insulin mehr produzieren (s. S. 11). Auch für schlanke Typ-2-Diabetiker ist Insulin häufig das Mittel der Wahl, weil die Krankheit bei ihnen oft ähnlich ausgeprägt ist wie bei Typ-1-Diabetikern. Bei allen Patienten mit Übergewicht indes bedeutet die Insulintherapie, Öl ins Feuer zu gießen: Das Hormon bremst das Verbrennen von Fett und fördert dessen Einlagerung. Das sorgt dafür, dass Leber und Bauchspeicheldrüse weiter verfetten und die Ursachen des Typ-2-Diabetes also zusätzlich verschlimmert werden.

Metformin

Unter den Medikamenten in Tablettenform ist Metformin der mit Abstand am häufigsten verordnete Wirkstoff – von allen Arzneimitteln, die neben Insulin verschrieben werden, macht Metformin 60 Prozent aus. Der Wirkstoff hemmt die Zuckerneubildung in der Leber, außerdem nimmt der Darm unter dieser Medikation weniger Zucker auf.

> »GLIFLOZINE SIND REVOLUTIONÄR FÜR DIE THERAPIE VON TYP-2-DIABETES.«
>
> DR. MATTHIAS RIEDL

Beides senkt den Glukosespiegel im Blut. Positiver Nebeneffekt: Metformin beeinflusst laut Studien die Darmflora positiv. Zudem dämpft es den Appetit: Das hilft Patienten nicht nur abzunehmen, sondern auch, das neue Gewicht gut zu halten. Zudem kann Metformin wahrscheinlich einige vorzeitige Todesfälle und herzbedingte Folgeschäden von Diabetes verhindern sowie das Darmkrebsrisiko senken. Aus all diesen Gründen stand Metformin lange Zeit in der Therapiestrategie an erster Stelle und löste die Sulfonylharnstoffe (s. unten) als Medikament der ersten Wahl ab.

Sulfonylharnstoffe

Diese Wirkstoffe greifen in den Insulinhaushalt ein. Sie beeinflussen den Kalzium-Kalium-Haushalt in den Beta-Zellen der Bauchspeicheldrüse. In der Folge kann das Organ mehr Insulin ausschütten, wodurch der Blutzuckerspiegel sinkt. Sulfonylharnstoffe waren lange Zeit ein häufig verschriebenes Kombinationsmedikament als Ergänzung zu Metformin. Sie wirken zwar gut, sollten aber dennoch nur in Ausnahmefällen verschrieben werden. Denn zum einen tritt der Effekt dieser Medikamente sehr rasch ein: Wer nach Einnahme der Tabletten dann nicht schnell genug etwas isst, beispielsweise, weil überraschend ein Nachbar klingelt, kann leicht in eine Unterzuckerung rutschen. Außerdem nehmen Patienten mit dieser Behandlung im Durchschnitt drei Kilo zu, da Insulin, wie erwähnt, die Fetteinlagerung anregt. Und: Die Wirkung von Sulfonylharnstoffen lässt nach ein paar Jahren stark nach.

DIE MODERNEN HOFFNUNGSTRÄGER

In den letzten Jahren sind mehrere neue Wirkstoffklassen dazugekommen. Sie haben die Therapie auf ein neues Level gehoben.

Gliflozine

Gliflozine sind die einzigen Antidiabetika, die unabhängig vom Insulinstoffwechsel wirken. Als Forscher die Studienergebnisse zu dieser neuen Wirkstoffgruppe auf einer Tagung vorstellten, gab es von den versammelten Diabetologen Standing Ovations. Zu Recht! Gliflozine hemmen zum einen ein Protein (SGLT-2), das für den Rücktransport von Glukose aus dem Harn in den Blutkreislauf zuständig ist. Das senkt die Blutzuckerwerte und bewirkt einen Gewichtsverlust – werden doch Kalorien von bis zu 70 Gramm Zucker pro Tag quasi ausgeschwemmt.
Zum anderen – und fast genauso wichtig: Bei Patienten mit bestehenden Vor- oder Folgeerkrankungen senken Gliflozine das Risiko für Herzschwäche, Herzinfarkt, Schlaganfall und Niereninsuffizienz. Worauf genau dieser Effekt beruht, ist noch unklar. Offenbar addieren sich verschiedene Einzelwirkungen – wie etwa eine gewisse Antientzündlichkeit. Sicher ist: Gliflozine erfüllen den Traum aller Diabetologen, ein Medikament möge nicht nur den Blutzucker stabilisieren, sondern zugleich die Wahrscheinlichkeit für Folgeerkrankungen reduzieren, an denen Diabetiker meist sterben. Diese präventive Wirkung war

Übersicht über die gängigen Diabetesmedikamente

	Vorzeitige Todesfälle	Folgeschäden	Unterzuckerung	Gewicht	Blutzucker	Anmerkungen
Metformin						
	▼	▼	■	■	▼▼	nicht bei starker Nierenschwäche; zu Beginn Magen-Darm-Beschwerden möglich
Gliflozine						
Empagliflozin	▼	▼	■	▼	▼▼	Genital-Infektionen möglich
Dapagliflozin	■	▼	■	▼	▼▼	
Dapagliflozin bei Herzschwäche	▼	▼	■	▼	▼▼	
Canagliflozin	■	▼	■	▼	▼▼	
Glutide						
Liraglutid	▼	▼	■	▼	▼▼	Übelkeit, Erbrechen, Durchfall, Bauchschmerzen möglich; Medikament wird meist gespritzt
Exenatid	▼	■	■	▼	▼▼	
Semaglutid	■	▼	■	▼	▼▼	
Lixisenatid	■	■	■	▼	▼▼	
Albiglutid	■	▼	■	▼	▼▼	
Dulaglutid	■	▼	■	▼	▼▼	
Sulfonylharnstoffe						
	■	▼	▲▲	▲	▼▼	
DPP-4-Hemmer						
	■	■	■	■	▼	Entzündung der Bauchspeicheldrüse möglich
Insulin						
	■	▼	▲▲	▲▲	▼▼	Medikament wird gespritzt, verdicktes Fettgewebe an der Einstichstelle („Spritzhügel")

Erklärung: ▼ senkt | ▼▼ senkt stark | ■ kein Unterschied oder nicht untersucht | ▲ erhöht | ▲▲ erhöht stark

Quelle: © ÄZQ, BÄK, KBV und AWMF, 2021

in Studien so überzeugend, dass Gliflozine in immer mehr Ländern eine eigenständige Zulassung bekommen haben zur Behandlung von Patienten, die »nur« an Herzinsuffizienz leiden. Weitere Zulassungen für Nierenkranke und Menschen mit Arterienverkalkungen sind zu erwarten oder schon erfolgt. Für Diabetiker sind Gliflozine ideal in Kombination mit Metformin und auch mit Insulin. Als Monotherapie sind sie erlaubt bei Patienten, die Metformin nicht vertragen. Auch Typ-1-Diabetiker können profitieren: Sie haben dank Gliflozinen erst mal die Möglichkeit, die gewichtssteigernden Insulingaben zumindest zu reduzieren und die Zuckerwerte zu stabilisieren. Derzeit gibt es allerdings keine Zulassung für Typ-1-Diabetiker. Aufgrund ihrer Wirkungsvielfalt stellen Gliflozine die größte Innovation in meiner 30-jährigen Laufbahn dar – zusammen mit den Glutiden.

Glutide

Diese Wirkstoffe gibt es seit etwa zehn Jahren. Sie ahmen zwei Hormone nach (GIP und GLP-1), die in der Darmschleimhaut vorkommen und eine Blutzuckersenkung bewirken. Zum einen fördern Glutide die Insulinausschüttung (GLP-1). Zum anderen hemmen sie die Produktion von Glukagon – einem Hormon, das in der Leber die Neubildung von Glukose anregt (GIP). Aktuell gut im Markt eingeführt sind die GLP-1 nachahmenden Glutide (Inkretin-Mimetika): Auch sie können Herz- und Nierenschäden verhindern oder verlangsamen. Eine weitere positive Nebenwirkung: Glutide helfen, effektiv Gewicht zu verlieren – besonders im Bauchraum und in der Leber, wo das sogenannte viszerale Fett am gefährlichsten für den Stoffwechsel ist. Wie natürliches GLP-1 verzögern Glutide die Magenentleerung und bremsen so den Hunger – aber auch über die direkte Wirkung auf das Sättigungszentrum. Dieser Effekt ist durch Studien so deutlich belegt, dass Glutide inzwischen auch für die Behandlung von Adipositas zugelassen sind. Von den damit therapierten, schwer übergewichtigen Diabetikern nimmt ein Viertel der Patienten 15 Kilo oder mehr ab – pro Jahr. Zum Vergleich: Bei einer Insulintherapie ist eine Gewichtszunahme von 20 Kilo in zwölf Monaten nicht selten. Ähnlich wie Gliflozine empfehlen sich Glutide als Präparat für eine Kombinationstherapie, meist mit Metformin. Als Monotherapie sind sie für Patienten zugelassen, die Metformin nicht einnehmen können, etwa wegen einer schweren Niereninsuffizienz. Typ-1-Diabetiker profitieren leider nicht. Einen Nachteil haben Glutide: Sie müssen meistens täglich oder wöchentlich gespritzt werden. Immerhin: Für Patienten, die gleichzeitig Insulin bekommen, gibt es Fixkombinationen – Arzneimittel, die beide Wirkstoffe enthalten.

Gliptine

Diese Wirkstoffgruppe verzögert den Abbau von GLP-1 – jenem Darmhormon, das die Ausschüttung von Insulin fördert. Dadurch erhöhen Gliptine den Insulinspiegel und reduzieren so den Zuckergehalt im Blut. Die Tabletten werden meist ansonsten gesunden Diabetikern verschrieben – wenn Metformin allein nicht genügt, um den Wert zu normalisieren. Allerdings haben sie in den vergangenen Jahren an Bedeutung verloren, weil Gliflozine und Inkretin-Mimetika einfach deutlich mehr Vorteile haben.

Die Kombination macht's

In den letzten 15 Jahren hat die medikamentöse Behandlung, vor allem von Typ-2-Diabetikern, den größten Sprung gemacht. Wir können heute nicht nur das Symptom, nämlich den erhöhten Blutzucker, normalisieren, sondern zudem Übergewicht als die häufigste Ursache behandeln und das Risiko für Folgeerkrankungen reduzieren. In der Praxis versuche ich primär, bei insulintherapierten Patienten die Dosis des Hormons zu senken oder am besten ganz abzusetzen. Dass das gelingt, ist am wahrscheinlichsten, wenn wir eine Ernährungstherapie – die immer im Zentrum stehen muss – mit modernen Medikamenten kombinieren, die für Rückenwind in Sachen Gewichtsabnahme sorgen.

»WENIGER ZUCKER, DAS HALF!«

Als sein Hund krank wird, dreht Thomas Schurig (56) dessen Ernährung auf artgerecht. Bis er das Gleiche bei sich unternimmt, braucht es eine üble Diagnose. Aber der Erfolg kommt.

Was für eine Ironie: Seit 2016 produziere ich artgerechtes, frisches Hundefutter – doch an meine eigene Ernährung dachte ich erst, als 2019 bei mir Diabetes festgestellt wurde. Da lag mein Blutzuckerwert über 300 mg/dl. Ich wog damals gut 100 Kilo bei 1,78 Metern Körpergröße und bekam gleich Insulin. Zum Weltdiabetestag sah ich Matthias Riedl im TV. Und da wir bei uns im sächsischen Plauen keinen Diabetologen hatten, dachte ich: Ok, dann fährst du direkt zu den Experten. Eine der besten Entscheidungen meines Lebens. Ich aß zu dieser Zeit sehr deftig mit viel Fleisch – komme ich doch aus einer Metzgerfamilie, bin selbst Metzgermeister und Souschef. Morgens gab es also Brötchen mit Salami, eine Frikadelle oder zwei, dazu Kaffee mit Zucker. Zwischendurch Bockwurst und Cola. Abends Spaghetti Bolognese, vor dem Fernseher Chips und durchaus mal vier Flaschen Bier. Kurz: ein Desaster!

Die Lösung: viel Disziplin – und sehr wenige Kohlenhydrate

Nach der ersten Ernährungsberatung habe ich Süßes, Alkohol und Weißbrot gestrichen. Bei allem anderen hieß es: »Friss die Hälfte«. Fleisch gab es weiterhin, aber in Maßen. Also eine Scheibe Salami statt fünf – auf dunklem Roggenbrot. Zwischen Frühstück und Abendbrot habe ich gefastet, abends mehr Gemüse und Hülsenfrüchte gegessen. Zudem arbeitete ich körperlich schwerer: Ich gab meinen Posten an der Maschine einem Mitarbeiter – um selbst Kisten zu schleppen. Sicher: Wenn ich abends mit noch ein wenig Kohldampf ins Bett ging, war das hart. Aber die Disziplin hat sich ausgezahlt! Nach einem Dreivierteljahr wog ich nur noch 82 Kilo. Und mein Blutzuckerwert war so weit gesunken, dass ich das Insulin absetzen konnte und nur noch wenig Metformin als Tablette nehmen musste.

Langfristig ohne Metformin

Aktuell wiege ich 85 Kilo und möchte bald das angehen, was ich »Phase zwei« nenne: Ich will noch mal fünf, sechs Kilo abnehmen – und den Langzeitzuckerwert unter 6 Prozent bekommen. Denn dann werde ich auch noch das Metformin absetzen können. Um das zu schaffen, werde ich mir ganz gewiss wieder ein paar Stunden professionelle Ernährungsberatung gönnen. Damit ist es leichter, zum einen mein Wissen aufzufrischen, etwa dazu, welche Gemüsesorte noch mal am günstigsten war. Zum anderen helfen mir die festen Termine alle paar Wochen, nicht in alte ungesunde Gewohnheiten zurückzufallen. Denn wenn die Ernährungsberaterin am Telefon fragt, ob ich mich an den Plan gehalten und abgenommen habe, möchte ich nicht sagen müssen: »Leider nicht, ich esse halt wieder zwischendrin Steakbrötchen.« Ich will vielmehr berichten können: »Klar habe ich abgenommen! Und noch mehr Gemüse gegessen als angedacht!«

DER GROSSE MUTMACHER: DIABETES IST BEI VIELEN HEILBAR

Einmal zuckerkrank, immer zuckerkrank: Mit diesem Urteil sind Millionen Patienten über Jahrzehnte hinweg durchs Leben gegangen – und viele glauben es noch immer. Dass Sie persönlich schon einen Schritt weiter sind, belegt allein die Tatsache, dass Sie dieses Buch lesen. Und tatsächlich: Mehr als die Hälfte der Typ-2-Diabetiker, so schätzt die Deutsche Diabetes-Hilfe, könnte mithilfe von Lebensstiländerungen langfristig ohne Medikamente auskommen. Ich lege noch einen drauf: Wenn ich die Tausende von Patienten zusammenrechne, die ich in den vergangenen gut 30 Jahren in meiner Praxis therapiert habe, dann komme ich auf eine größere Zahl. Zwei von drei Typ-2-Diabetikern, so meine Erfahrung, könnten ihren Diabetes zurückdrängen und normale Zuckerwerte über Jahre

WAS BEDEUTET DAS WORT »DIABETESREMISSION«?

Mit dem Begriff Remission bezeichnen Mediziner einen Status, in dem die Symptome einer Krankheit derart zurückgedrängt sind, dass sich die Patienten mit ihren Werten nicht mehr von Gesunden unterscheiden. Bei Typ-2-Diabetikern ist für mich – wie für die meisten Kollegen – eine Remission dann erreicht, wenn der Langzeitzuckerwert (HbA1c) zwei Monate lang unter 6,5 Prozent liegt – ohne dass der Patient Antidiabetika einnimmt. Aber Achtung: Da Diabetes eine chronische Krankheit ist, bleibt diese Form der Heilung nur dann dauerhaft bestehen, wenn der Patient den geänderten Lebens- und Ernährungsstil beibehält, der zur Remission geführt hat.

halten – wenn sie ihren Ess- und Lebensstil nachhaltig änderten. Dass Menschen eine solche »Remission« (s. Kasten) ihres Diabetes wirklich erleben, sehe ich täglich. Und die Tatsache, dass heute selbst renommierte Fachorganisationen die Wirkung von Ernährungsumstellung und Stressmanagement nicht mehr wegdiskutieren, zeigt, was in der Diabetesbehandlung geschehen ist: ein echter Paradigmenwechsel. Also ein Wechsel von einer wissenschaftlichen Annahme zu einer anderen. Wer heute noch sagt, Diabetes sei Schicksal, macht sich lächerlich.

STUDIE ALS AUSLÖSER DER NEUBEWERTUNG

Ich muss gestehen: Die wichtigste neue Untersuchung habe ich Ihnen im Kapitel zu aktuellen Forschungserkenntnissen verschwiegen. Einfach, weil sie einen prominenten Platz an dieser Stelle verdient hat. Denn diese Studie, die Diabetes Remission Clinical Trial (DiRECT) aus dem Jahr 2017, räumte als erste umfassend mit dem Vorurteil auf, Diabetesremissionen seien eine Seltenheit – und Zufall. Für seine Untersuchung teilte ein britisches Forscherteam knapp 300 (noch) nicht insulinpflichtige Typ-2-Diabetiker – die allermeisten fettleibig – in zwei Gruppen auf. Gruppe 1 erhielt die übliche, leitliniengerechte Behandlung durch den Hausarzt; Gruppe 2 nahm über drei bis fünf Monate an einem intensiven, betreuten Abnehmprogramm teil. Dabei erhielten die Probanden ausschließlich standardisierte Nährlösungen mit etwa 850 Kalorien pro Tag. Außerdem mussten sie alle blutzucker- und blutdrucksenkenden Medikamente absetzen.

Professionelle Begleitung hilfreich

Im Anschluss an diese strikte Phase wurden die Teilnehmer von Ernährungsberatern über zwei bis acht Wochen hinweg an eine kalorienarme, gesunde Ernährung herangeführt, außerdem zu Bewegung motiviert. Und: Sie bekamen eine psychologische Verhaltenstherapie. Sicher: Eine solche Intervention ist garantiert hart und nicht leicht durchzuhalten. Doch nach zwölf Monaten zeigte sich das Ergebnis: Unter den Teilnehmern aus der zweiten Gruppe kam es bei knapp jedem zweiten zu einer Diabetesremission! In der Hausarztgruppe war das nur bei vier Prozent der Probanden der Fall.

Wichtig: Der Blick auf die Details

Diese Studie im Fachmagazin Lancet war für viele Fachleute nicht weniger als eine Revolution, für mich nur eine folgerichtige wissenschaftliche Unterfütterung meiner täglichen Erfahrungen in der Praxis. Im Detail aber hat die Studie auch meine Arbeit vorangebracht. So zeigte sich, dass die Höhe der Gewichtsabnahme entscheidend war für den Erfolg der Behandlung:

- Nahmen die Probanden im Untersuchungszeitraum weniger als sieben Kilo ab, lag die Wahrscheinlichkeit für eine Diabetesremission bei nur sieben Prozent.
- Verloren die Studienteilnehmer dagegen mehr als 15 Kilo, war der Diabetes nach einem Jahr bei 86 Prozent verschwunden.

Die DiRECT-Studie ist allerdings nicht der einzige Beleg dafür, dass sich Typ-2-Diabetes heilen lässt: Der bekannte Diabetologe Roy Taylor hatte bereits 2013 mit einer kleinen Studie zeigen können, dass sich die für Typ-2-Diabetes ursächliche Organverfettung mithilfe einer radikalen Ernährungsumstellung normalisieren ließ.

HEILMITTEL FASTEN

Die 850 Kalorien, die die Teilnehmer der DiRECT-Studie pro Tag erhielten, stammten aus Formula-Produkten – eiweißreichen Pulver-Shakes etwa, die dem Körper alle nötigen Nährstoffe liefern, aber kaum Kohlenhydrate. Dadurch schaltet der Körper auf Fastenmodus: Er gewinnt die nötige Energie dann nicht mehr aus Zucker, sondern aus Fettreserven, die er mobilisiert und die in der Leber zu sogenannten Ketonen abgebaut werden. Aus ihnen können die Kraftwerke in den Zellen Energie ziehen. Das Gute an dieser »Ketose«: Die Zellen lernen, wieder sensibler auf Insulin zu reagieren. Vor allem aber werden Leber und Bauchspeicheldrüse entfettet – also die Ursachen des Diabetes direkt bekämpft.

WAS SICH JETZT IN DER BEHANDLUNG ÄNDERN MUSS

Die bahnbrechende DiRECT-Studie ist nicht ohne Folgen geblieben. Zum einen gewinnt die Ernährungstherapie inzwischen – spät genug! – immer mehr an Bedeutung in der Diabetestherapie. Zum anderen werden nun massive Fehler im Gesundheitssystem immer offenbarer, aufgrund derer Diabetiker nicht die bestmögliche Behandlung erfahren (s. Kasten S. 31). Diese Fehler führen etwa dazu, dass aktuell 30 Prozent der Typ-2-Diabetiker direkt im Anschluss an ihre Diagnose auf Insulin eingestellt werden, ohne zuvor mit Tabletten oder, noch besser, einer Ernährungstherapie behandelt worden zu sein. Diese Fehlbehandlung ist nicht nur aufgrund der gewichtssteigernden Wirkung von Insulin fatal, sondern auch, weil immer mehr Studien belegen: Entscheidend für eine Diabetesremission ist neben einem hohen Gewichtsverlust ein möglichst früher Beginn der Lebensstiländerungen. Teilnehmer der DiRECT-Studie hatten maximal sechs Jahre vor Untersuchungsbeginn von ihrer Krank-

FATALE FÖRDERUNG: JE KRÄNKER, DESTO BESSER?

Es klingt unglaublich, aber aktuell ist es so: Je früher ein Diabetiker Insulin bekommt, desto stärker profitieren die Krankenkassen. Durch den sogenannten Risikostrukturausgleich erhalten sie gut 2 200 € für jeden Patienten, der mit Insulin therapiert wird – deutlich mehr als bei anderen Behandlungsmethoden. In der Theorie ist dieser Ausgleich eine gute Sache, weil die Krankenkassen niemanden ablehnen dürfen. Durch die Ausgleichszahlungen für chronisch kranke Versicherte sollen faire Wettbewerbsbedingungen für die Kassen gewährleistet werden. Gäbe es sie nicht, würden jene Kassen benachteiligt, bei denen viele chronisch Kranke Mitglied sind. In der Praxis aber sorgt der Risikostrukturausgleich häufig für Fehlanreize. Leitet bei einem Typ-2-Diabetiker der Hausarzt eine Insulintherapie ein, wird er dafür üppig vergütet von den Krankenkassen, die sich in der Folge über die Risikoausgleichszahlung freuen können. Regt der Arzt Patienten dagegen an, ihren Lebensstil zu ändern, verordnet ein Ernährungsprogramm, um die Ursachen des Diabetes zu bekämpfen, und begleitet sie in der Folge dabei, erhält er dafür extrem viel weniger. Zudem ist das Budget für solche Maßnahmen gedeckelt, anders als für Insulin, bei dem die verschriebene Menge nicht beschränkt ist durch die Krankenkassen. Die Schulung, in der ein Arzt dem Patienten zeigt, wie man Insulin spritzt, wird ebenfalls hoch vergütet.

Alles zusammengenommen führt dazu, dass Hunderttausende Menschen deutlich zu schnell und deutlich zu viel Insulin bekommen. Und nie, oder nur durch Zufall, von der Wirksamkeit einer Ernährungstherapie erfahren.

heit erfahren – innerhalb dieses Zeitfensters ist Schätzungen zufolge eine Heilung des Diabetes gut machbar. Abgesehen von der verfrühten Insulingabe müssen daher zwei weitere Fehler im System unbedingt rasch geändert werden. Erstens die Tatsache, dass das Disease-Management-Programm (DMP) mit Schulungsmaßnahmen – auch zur Ernährung – nur Patienten offensteht, die bereits manifest an Diabetes erkrankt sind, nicht aber Prädiabetikern. Und zweitens der Missstand, dass Gewichtsoptimierung in der deutschen Diabetestherapie bislang leider so gut wie keine Rolle spielt (mehr dazu s. Kasten oben).

DIE BESTE THERAPIE? GEHT AUCH IN EIGENREGIE

Bis die Mängel im System behoben sind, müssen Patienten viel Eigenengagement zeigen, um die bestmögliche Versorgung zu erhalten.

»UM SICH SELBST ZU ERKENNEN, MUSS MAN HANDELN.«

ALBERT CAMUS

Das Gute: Dieses Buch wird Ihnen auf den folgenden Seiten zeigen, wie Sie wesentliche Bestandteile einer idealen Therapie selbst umsetzen können. In der Praxis gelingt eine Diabetesremission oder -besserung meist in drei Schritten:

1. Abnehmen

An erster Stelle steht für Typ-2-Diabetiker eine – möglichst deutliche – Gewichtsabnahme. Da unsere Ernährung enorm von Gewohnheiten bestimmt ist und es eine gewisse Zeit dauert, ungünstige Routinen durch günstige zu ersetzen, kann es bei Fettleibigkeit sinnvoll sein, die Therapie mithilfe einer Formula-Diät zu starten. So verlieren Sie nicht nur viel Gewicht und senken Ihren Blutzucker. Sie entfetten zudem, wie gesehen, Ihre Organe – und sensibilisieren nebenbei auch gleich noch Ihre Geschmacksnerven. Sodass eine Cola danach wieder so schmeckt, wie sie für jeden schmecken müsste: unerträglich übersüßt (mehr ab S. 40).

2. Artgerechte Ernährung einüben

Sobald Patienten gut abgenommen haben, gilt es, gesunde Mahlzeiten langfristig in den Alltag zu integrieren. Mein Konzept der artgerechten Ernährung bietet dafür die ideale Grundlage: Es zeigt auf, welcher Lebensmittel-Mix unserem Körper alles liefert, was er braucht – und ihm das vorenthält, was ihn krank macht. Einmal angeeignet, stellen die Prinzipien dieses Konzepts sicher, dass Leber und Bauchspeicheldrüse nicht aufs Neue verfetten und die Diabetesheilung von Dauer bleibt (mehr ab S. 39 bzw. 44).

3. Mehr bewegen und entspannen

Wie erläutert lässt bei Diabetikern ein Zuviel am Stresshormon Cortisol den Blutzucker Achterbahn fahren – und sie leichter Gewicht zulegen. Sport und weitere Anti-Stress-Routinen wie Meditieren schenken dem Körper Entspannungspausen und senken so den Cortisolspiegel. Positiver Nebeneffekt des Sports: Regelmäßiges Training erhöht unseren Kalorienverbrauch auch im Ruhezustand und hilft so, ein neues Gewicht zu halten (mehr ab S. 50 bzw. 54).

DER LOHN DER MÜHEN

Ich verhehle es nicht: Eine Diabetesbehandlung mit dem Ziel einer Remission ist nichts für Bequeme. Indes, so meine Erfahrung: Wer als Typ-2-Diabetiker einmal erkennt, wie gut es tut, seinem Körper wieder ein echter Partner zu werden, der schafft die Lebensstiländerungen auch. Zumal, das werden die nächsten Seiten zeigen, dank meiner 20:80-Methode schon kleine Schritte genügen …

Der Lohn? Ist immens! Denn den Diabetes zu heilen, bedeutet ja nicht nur, wieder normale Blutzuckerwerte aufzuweisen. Sondern auch: nicht mehr an Schwindelanfällen, Müdigkeit und Konzentrationsstörungen zu leiden. Darüber hinaus – und das ist für meine Patienten stets das Beste – erhalten Sie das unbezahlbare Gefühl zurück, einfach das Leben genießen zu können – ohne den Tag um Mahlzeiten herum planen und an Medikamente denken zu müssen.

»MEIN ZIEL: NIEMALS INSULIN!«

Was Diabetes bedeutet, weiß Egon Woyda (66) genau – viele Familienmitglieder litten daran. Als auch er die Diagnose erhält, unternimmt er alles, um die Krankheit in Schach zu halten.

Meine Eltern hatten beide Diabetes, mein Bruder bekam die Diagnose mit Ende 40. Er musste dann vor jedem Essen Blut abnehmen, über eine Tabelle ermitteln, was er essen durfte, und Insulin spritzen. Dieses Bild hat sich mir eingeprägt – ich wollte nie in eine solche Situation kommen, aller familiären Vorbelastung zum Trotz. Als mein Hausarzt 2006 erhöhte Zuckerwerte feststellte, verzichtete ich fortan komplett auf Süßes, achtete noch disziplinierter auf mein Gewicht. Und: Ich bewegte mich wieder mehr. Bis zum Alter von 35 hatte ich in Amateurligen Fußball gespielt. Doch als ich aus beruflichen Gründen immer mehr reisen musste, ließ ich den Sport schleifen. Das änderte ich nun. Zusammen mit den Tabletten konnte ich den Blutzucker für lange Zeit stabil halten. Doch vor etwa vier Jahren dann bekam ich immer mal wieder Schwindelgefühle, weil ich unterzuckert war, fühlte mich insgesamt schlechter – und mein Langzeitzuckerwert überschritt bei den Kontrollen häufig die 7-Prozent-Marke. Da war mir klar: Ich muss zum Spezialisten.

Der neue Speiseplan: viel Fisch, viel Gemüse – und keine Snacks

Die Ernährungsberatung im medicum Hamburg hat mir dann gezeigt, dass ein reduzierter Zuckerkonsum allein nicht reichte, ich insgesamt weniger leere Kohlenhydrate und mehr Ballaststoffe essen musste. Meine Frau, die bei uns kocht, hat daraufhin Diabeteskochbücher gekauft – und es ging los. Seither esse ich morgens Vollkornbrot mit Lachs, mittags gibt es meist Gemüse, etwa als Sauerkrautauflauf mit ein klein wenig magerem Kasseler, abends noch mal Brot, wieder gern mit Fisch, dazu Tomatensalat. Oft machen wir auch etwas mit Kichererbsen, die ich inzwischen liebe. Das Überraschende: Diese Mahlzeiten machen so satt, dass mir die Umstellung total leichtfiel – und das Verlangen nach Snacks verschwand.

Der Erfolg ist deutlich

Mit 75 Kilo bei einer Größe von 1,83 Metern habe ich beinahe mein Kampfgewicht aus der Zeit als Fußballer erreicht. Mein Langzeitzuckerwert ist von 9,0 Prozent beim ersten Besuch im medicum auf inzwischen 6,1 Prozent gesunken und ich nehme deutlich weniger Medikamente. Langfristig möchte ich unter 6 Prozent kommen und die letzten Medikamente auch noch loswerden. Wie gut mir die angepasste Ernährung tut, merke ich nicht nur am Zuckerwert. Infolge meiner ersten Untersuchung bei Dr. Riedl wurden ein Darmtumor festgestellt sowie Engstellen in den Herzgefäßen. Beides wurde operativ behoben – und die Kontrolluntersuchungen sind alle gut gewesen. Dieses Gefühl, meinem ganzen Körper etwas Gutes zu tun, ist wirklich schön. Wie auch die Sicherheit, sehr wahrscheinlich nie Insulin spritzen zu müssen.

EASY, ABER KONSEQUENT ANS ZIEL: DAS BEWÄHRTE 20:80-PRINZIP

Wer eine Ernährungstherapie beginnt, will seine Gewohnheiten meist von jetzt auf gleich um 180 Grad drehen. Und wird scheitern. Aus einfachem Grund: Automatisierte Handlungen, wie das Salamibrötchen-Schmieren am Morgen, kosten unser Gehirn viel weniger Energie als neue, gesündere Entscheidungen – wie der Griff zu den Haferflocken. Daher setzt das Gehirn alles daran, uns auf den Pfad alter Routinen zurückzuführen. Das Gute: Mit Mini-Veränderungen lässt sich unser Gehirn überlisten. Gehen wir kleine Schritte, diese aber regelmäßig, klappt eine Verhaltensänderung garantiert. Auf dieser Erkenntnis basiert mein 20:80-Prinzip: Setzen Sie nur 20 Prozent der empfohlenen Maßnahmen um, feiern Sie 80 Prozent Erfolg! Das Prinzip hat inzwischen Tausende Menschen an

BITTE HANDSCHRIFTLICH!
Auf den folgenden Seiten gebe ich Ihnen jede Menge Anregungen für gesunde Mikrogewohnheiten, sogenannte »Tiny Habits«. Wo immer Sie sich wiederfinden – notieren Sie sich die vorgeschlagenen Tiny Habits auf einem Blatt Papier oder, schöner, in einem Journal, das Sie sich eigens für Ihre Ernährungsumstellung anschaffen. Denn was wir mit der Hand aufschreiben, merken wir uns besser. Aus diesen Notizen basteln Sie sich im Anschluss einen Aktionsplan: Dieser ist dann auf Sie persönlich zugeschnitten – und damit ein Garant für Ihren Erfolg!

ihr Ziel gebracht. Und wird auch Ihnen helfen, den Diabetes zu bessern – oder sogar zu heilen. Vier Schritte bilden den Anfang …

SCHRITT 1: BESTIMMEN SIE IHREN ESSTYP

Jeder von uns hegt bestimmte Verhaltensmuster und Vorlieben in Sachen Ernährung. Dadurch ergeben sich Esstypen: Wer weiß, zu welchem er selbst gehört, versteht sein Ernährungsverhalten besser und kann es leichter in Richtung »diabetesfrei« drehen. In meiner Praxis arbeiten wir mit fünf Esstypen, wobei Mischtypen möglich und auch die Regel sind:

- **DER ESSPRAKTIKER**
Das sagt er: »Essen? Hauptsache, es schmeckt – und geht schnell. Ich kaufe möglichst günstig ein, gern Fertiggerichte, To-go-Mahlzeiten oder was vom Imbiss.«
Das hilft ihm: Selbst kochen! Gerichte sind dann oft günstiger und stets gesünder. Und langsamer essen: Das sättigt gut, senkt den Cortisolspiegel und das Diabetesrisiko.
- **DER FEINSCHMECKER**
Das sagt er: »Kochen, essen – ich liebe es! Ich kaufe hochwertige Lebensmittel, genieße Mahlzeiten oft mit einem Glas Wein. Auch ins Restaurant gehe ich gern und häufig. Das optimale Nährstoffverhältnis? Ist mir egal!«
Das hilft ihm: Das Tellerprinzip beachten (s. S. 62) und Alkohol reduzieren, beides reduziert Heißhunger. Süßes nur einmal am Tag, am besten nach einer Mahlzeit.
- **DER NATÜRLICH-ESSER**
Das sagt er: »Meine Gesundheit geht mir über alles. Ich weiß Bescheid über gesunde Ernährung, Lebensmittel sowie wichtige Nährstoffe – und koche meist selbst.«
Das hilft ihm: Verstehen: Bio ist nicht automatisch gesund. Mehr gesunde Fette und Proteine essen, weniger Kohlenhydrate. So sättigen Mahlzeiten besser. Dazwischen mindestens vier Stunden Pause einlegen.
- **DER KALORIENSPARER**
Das sagt er: »Ich weiß, welche Lebensmittel wie viel Energie liefern, und versuche, Dickmacher zu meiden. Der Jo-Jo-Effekt ist mein ständiger Begleiter, ich kenne alle Diäten.«
Das hilft ihm: Kalorienzählen stoppen und drei wirklich sättigende Mahlzeiten nach dem Tellerprinzip genießen. Das ist erlaubt – ganz ohne schlechtes Gewissen!
- **DER GEWOHNHEITSESSER**
Das sagt er: »Ich esse, wie ich es von früher kenne, mit Kaffee und Kuchen, Chips vorm Fernseher, Bier oder Wein zum Entspannen.

Im Supermarkt kaufe ich meist das Gleiche.«
Das hilft ihm: Alle Maßnahmen, die die anderen Esstypen umsetzen sollten. Dazu: statt Snacks zu futtern, öfter einfach mal ein Glas Wasser trinken. Und: zum Kaffee Nüsse naschen, zum Fernsehen Rohkost.

SCHRITT 2: GEHEN SIE DEN BASIC-CHECK DURCH

Wie die Esstypologie soll Ihnen auch die folgende Checkliste dabei helfen, sich jene persönlichen Essensmuster und Vorlieben bewusst zu machen, die Sie in den Diabetes haben rutschen lassen. Lesen Sie alle fett gedruckten Sätze einmal – und notieren Sie sich jene, bei denen Sie sich wiederfinden. Lesen Sie anschließend die angekreuzten Sätze nochmals, diesmal samt den darunter stehenden erprobten Anti-Diabetes-Maßnahmen. Notieren Sie diese auf Ihrem Blatt Papier oder in Ihrem Journal. Diese Maßnahmen bilden später zentrale Punkte Ihres Aktionsplans, mit dem Sie Ihre Zuckerwerte in der Folge langsam, aber kontinuierlich auf Normalniveau sinken lassen …

Ich konsumiere häufig Süßigkeiten.
Bereits ein 250-ml-Glas Cola liefert mehr als die Tageshöchstmenge an Zucker (25 g).
Anti-Diabetes-Maßnahme: Ich lasse Softdrinks (auch solche mit Süßstoff) weg, wo immer möglich. Trinke ich sie doch, dann nur die halbe der sonst üblichen Menge.

Ich leide unter Heißhunger, oft abends.
Häufige Ursache: ein tagsüber zu niedriger Eiweißkonsum. Oder schlicht Gewohnheit.
Anti-Diabetes-Maßnahme: Ich checke, ob jede Mahlzeit die nötigen 20 bis 30 Gramm Eiweiß enthält. Falls nicht, justiere ich nach.

Ich esse mehr als dreimal pro Tag.
Zu viele Mahlzeiten und Snacks lassen den Blutzucker Achterbahn fahren – sind also eine der wichtigsten Diabetesursachen!
Anti-Diabetes-Maßnahme: Ich esse maximal drei Mahlzeiten am Tag.

Ich verbiete mir Lebensmittel.
Verbote machen uns das Gehirn zum Feind. Daher scheitert diese Strategie zuverlässig.
Anti-Diabetes-Maßnahme: Ich sage mir immer wieder: Ich darf alles essen. Nichts ist verboten – die Dosis macht das Gift.

Ich konsumiere ab und an oder regelmäßig alkoholische Getränke.
Alkohol ist kalorienreich, steigert den Appetit und kann bei Diabetikern mit Unterzuckerungsgefahr (Insulintherapie!) im Extremfall tödliche Hypoglykämien auslösen.
Anti-Diabetes-Maßnahme: Ich trinke so wenig Alkohol wie möglich. Wenn doch, dann die halbe der sonst üblichen Menge.

Ich fühle mich oft traurig, lustlos, unkonzentriert und matt.
Das können Anzeichen für eine Depression sein, die häufig zu Übergewicht führen kann – und in der Folge zu Diabetes.
Anti-Diabetes-Maßnahme: Ich vereinbare einen Termin mit einem Psychotherapeuten.

Ich muss Medikamente einnehmen.
Arzneimittel wie Insulin, Glimepirid, Psychopharmaka, Cortisolpräparate und Betablocker machen dick und fördern Diabetes.
Anti-Diabetes-Maßnahme: Ich frage einen Facharzt nach Alternativen.

Ich leide unter chronischem Stress.
Überlastungen im Alltag erhöhen den Cortisolspiegel. Das macht dick und sorgt gleich-

zeitig für schlechtere Blutzuckerwerte.
Anti-Diabetes-Maßnahme: Ich suche mir Techniken gegen den Stress, die mir Spaß machen – und erlerne sie (s. S. 54).

Ich schlafe schlecht und/oder schnarche.
Schlechter Schlaf erhöht den Cortisolspiegel, macht Heißhunger und beeinflusst so den Blutzucker (besonders am Morgen) und das Gewicht negativ.
Anti-Diabetes-Maßnahme: Ich gestalte feste Abendroutinen für besseren Schlaf (s. S. 59). Schnarche ich, versuche ich abzunehmen und suche einen Lungenfacharzt auf.

Ich leide unter Mundgeruch und/oder Zahnfleischblutungen.
Beides weist auf eine Parodontitis hin: Drei von vier Diabetikern leiden daran. Sie kann Diabetes mitverursachen und verschlimmern.
Anti-Diabetes-Maßnahme: Ich vereinbare eine professionelle Zahnfleischbehandlung.

Ich habe Sodbrennen und/oder Reflux.
Fließt Magensäure in die Speiseröhre, wird das oft als Hunger fehlinterpretiert. Wer nun snackt, löst Blutzuckerschwankungen aus.
Anti-Diabetes-Maßnahme: Ich mache einen Termin beim Hausarzt oder Gastroenterologen, um die Beschwerden zu behandeln.

Ich leide unter Hormonbeschwerden.
Unsere Hormone sind eng mit Stoffwechselprozessen verknüpft. Menschen mit Schilddrüsenunterfunktion, Hashimoto-Thyreoiditis oder Testosteronmangel halten ihr Gewicht und den Blutzucker schwerer in der Norm.
Anti-Diabetes-Maßnahme: Ich lasse beim Endokrinologen meinen Hormonstatus überprüfen – besonders, wenn ich aus unerfindlichen Gründen einfach nicht abnehme.

Sammeln Sie alle Maßnahmen, die auch auf Sie zutreffen, auf einem Zettel. Daraus wird später Ihr persönlicher Aktionsplan.

Ich stehe nachts auf, um zu essen.
Etwa jeder 50. leidet am sogenannten Night Eating Syndrom (NES), das heißt, er isst mitten in der Nacht meist schnell und sehr viel. Das führt oft zu Gewichtsproblemen, schlechteren Zuckerwerten – und einem schlechten Gewissen. NES ist noch kaum erforscht, psychotherapeutische Maßnahmen können aber helfen.
Anti-Diabetes-Maßnahme: Ich reserviere mir eine psychotherapeutische Sprechstunde.

SCHRITT 3: FÜHREN SIE EIN ERNÄHRUNGSTAGEBUCH

Jeder von uns ernährt sich im Alltag unterschiedlich, entsprechend verschieden sind auch unsere ungünstigen Essmuster. Um sie aufzuspüren, hilft ein Ernährungstagebuch. Schreiben Sie dafür über vier Wochen hinweg auf, was genau Sie essen und trinken – und in welchen Situationen Sie es tun. Das Ernährungsprotokoll zeigt Ihnen dann schwarz auf weiß, wie häufig Sie wirklich essen, ob Sie ausreichend Eiweiß zu sich nehmen, zu viel Süßes – und aus welchen Motiven heraus Sie essen. Wichtig: Seien Sie beim Notieren der Mahlzeiten und kleinen Snacks ehrlich und konsequent. Jedes Stück Fruchtgummi, jeder Schluck Cola zählt. Führen Sie das Tagebuch am besten direkt nach jeder Mahlzeit – unsere Erinnerung trügt uns beim Thema Essen gern. Nur ein penibel geführtes Ernährungstagebuch erlaubt Ihnen anschließend jenen aufschlussreichen Blick auf Ihr Essverhalten, den es braucht, um mithilfe von spezifischen Anpassungen den Diabetes bessern zu können. Anhand des Tagebuchs sollten Sie jene Fehler identifizieren und ebenfalls schriftlich notieren, die Sie wahrscheinlich mit in den Diabetes geführt haben und die Ihre Zuckerwerte aktuell negativ beeinflussen. Gewohnheiten und Vorlieben also, die im Widerspruch stehen zur artgerechten Ernährung (s. Kasten S. 39). Die meisten meiner Diabetespatienten beobachten bei sich etwa sechs bis acht ungünstige Ernährungsmuster, beispielsweise diese:

- »Ich esse 100 Gramm Zucker täglich.«
- »Auf 400 Gramm Gemüse am Tag komme ich nie. Eher auf nur 100 Gramm.«
- »Ich esse kaum Vollkorn – und zu viele Kohlenhydrate, meist aus Weißmehl.«
- »Ich esse oft zwischen den Mahlzeiten.«
- »Der Eiweißanteil meiner Mahlzeiten beträgt weniger als 20–30 Gramm.«
- »Ich esse häufig Fertigprodukte.«
- »Linsen kommen kaum auf den Tisch.«
- »Ich esse zu oft Fleisch und Wurst.«

Notieren Sie nun konkrete Maßnahmen, die Ihre jeweiligen Fehler korrigieren könnten:

- »Ich esse von jetzt an nur noch 25–50 Gramm Zucker täglich.«
- »Ich verdopple meinen Gemüsekonsum.«
- »Ich ersetze Weißmehlnudeln und -brot ab sofort durch die Vollkornvariante.«
- »Ab heute esse ich nur noch drei satt machende Mahlzeiten am Tag.«

DIGITALES COACHING

In zweijähriger Arbeit habe ich mit meinem Team die App »myFood-Doctor« entwickelt – die erste ernährungsmedizinische App Europas. Damit können Sie ein digitales Ernährungstagebuch führen, erhalten eine professionelle Auswertung (Anteil von Zucker, Eiweiß etc.) und werden dann von der App gecoacht – so, wie wir es auch im medicum Hamburg machen. Motivierende Tipps und Nachrichten erleichtern das Durchhalten. Dazu hilft ein Selbstlernkernkurs, Wissen zu festigen: Haben Sie diesen absolviert, bekommen Sie die Kosten für die App von der Krankenkasse als Präventionsleistung erstattet. Die Basis-Version ist kostenlos.

BASISWISSEN: DIE 9 REGELN ARTGERECHTER ERNÄHRUNG

- **Alles auf Gemüse:** Essen Sie zu jeder Mahlzeit Gemüse – 400, besser 500 Gramm sollten es täglich sein.
- **Schlechte Fette einsparen:** Wurst, Kekse, TK-Pizza, Pommes und Co. liefern ungünstige Transfettsäuren. Essen Sie davon so wenig wie möglich.
- **Viel gute Fette konsumieren:** Essen Sie täglich ungesättigte Fettsäuren, etwa aus Lein-, Hanf-, Oliven-, Raps- und Nussöl. Dazu fetten Bio-Seefisch (max. zwei 50-g-Portionen pro Woche).
- **Deutlich weniger schnelle Kohlenhydrate essen:** Meiden Sie Softdrinks, Kuchen und Süßigkeiten so weit wie irgend möglich.
- **Beilagen reduzieren:** Halbieren Sie die Menge an Kartoffeln, Nudeln und Reis. Wählen Sie die Vollkornvariante.
- **Mehr Hülsenfrüchte essen:** Bohnen, Erbsen und Co. sollten als Eiweiß- und Ballaststoffquelle täglich auf den Teller.
- **Genug Eiweiß aufnehmen:** 1–1,2 Gramm Protein pro Kilo Normalgewicht sollte jeder essen. Besonders günstig sind Eiweiße aus pflanzlichen Quellen. Fleisch sollte höchstens zweimal pro Woche auf den Tisch.
- **Viel trinken:** Unser Flüssigkeitsbedarf liegt bei etwa 30 Millilitern pro Kilo Körpergewicht. Ca. 800 Milliliter liefert die Nahrung, den Rest sollten Sie möglichst über Wasser und ungesüßte Tees decken.
- **Mit Alkohol geizen:** Das Nervengift schwächt unsere Willenskraft, macht Appetit und schadet der Leber. Gesundheitlich gerade noch akzeptabel sind pro Tag 10 Milligramm für Frauen (125 Milliliter Wein oder 250 ml Bier) – für Männer gilt das Doppelte.
- **Esspausen einhalten:** Versuchen Sie, zwischen 2–3 großen Mahlzeiten Pausen von 4–5 (oder 6) Stunden zu legen.

SCHRITT 4: ERSTELLEN SIE EINEN AKTIONSPLAN

Auf Ihrem Blatt sollten, folgend aus Esstyp-Analyse, Basis-Check und Ernährungstagebuch, viele Maßnahmen stehen, mit denen Sie Ihr Ernährungsverhalten verbessern und so den Diabetes lindern können. Sortieren Sie diese jetzt danach, welche Ihnen am leichtesten fallen dürften. Und versuchen Sie dann, sich in der nächsten Woche an die ganz oben stehende Maßnahme zu halten. Gelingt das leicht, nehmen Sie sich in der Woche darauf die nächste Maßnahme der Liste vor – und in der übernächsten Woche eine weitere … Entscheidend ist: Gehen Sie langsam vor! Fällt Ihnen ein Schritt schwer, unterteilen Sie ihn in mehrere Unterschritte. Statt »Ich ersetze Weißmehlnudeln und -brot durch die Vollkornvariante« nehmen Sie sich vor: »Ich ersetze das Weizenbrötchen am Morgen durch eine Scheibe Vollkornbrot.«

DER BAUCHSPEICHELDRÜSE PAUSEN SCHENKEN, LEICHT WERDEN

Am Ausgang von Diabetes stehen wie erläutert Störungen der Bauchspeicheldrüse. Bei Typ-2-Diabetikern ist eine übergewichtsbedingte Verfettung von Leber und Bauchspeicheldrüse in den allermeisten Fällen Ursache dafür, dass weniger Insulin produziert wird – und gleichzeitig die Wirkung des Hormons auf die immer unempfindlicher werdenden Zellen nachlässt. Das bedeutet umgekehrt: Wer Kilos abbaut – besonders am Bauch – und sein Essverhalten so organisiert, dass er Leber und Bauchspeicheldrüse Auszeiten verschafft, der kann die Organe entfetten, den Insulinhaushalt günstig beeinflussen und so die Grundlage für eine Diabetesremission schaffen. Die folgenden Strategien helfen dabei. Fangen Sie am besten mit einer an, die Ihnen leichtfällt – und steigern Sie sich dann.

> **URPROBLEM BAUCHFETT**
> Das Fettgewebe in der Bauchmitte bildet ein eigenes Organ – produziert es doch unzählige Botenstoffe, die Prozesse im ganzen Körper beeinflussen. Einige etwa befördern chronische Entzündungsreaktionen und verschlimmern damit inflammatorische Krankheiten wie Diabetes, aber auch Rheumatoide Arthritis, Bluthochdruck und wohl sogar Krebs. Ein weiteres Problem: Menschen mit viel Bauchfett weisen viele Adipozyten auf, spezielle Zellen, die das Fett speichern. In diesen Zellen wird das Sättigungshormon Leptin hergestellt – weshalb der Leptin-Blutspiegel von Adipositas-Patienten ständig erhöht ist. Dadurch kommt es mit der Zeit zu einer Resistenz: Das Gehirn sendet nicht mehr wie normal ausreichend Sättigungssignale. Die Folge: Übergewichtige fühlen sich hungriger und essen mehr – was den Teufelskreis von Übergewicht und Diabetes nur verschlimmert.

AUF REGELMÄSSIGE ESSPAUSEN ACHTEN

Ein Keks hier, ein paar Trockenfrüchte da: Wer immer wieder snackt, stellt seine Bauchspeicheldrüse auf Dauerbetrieb und programmiert sie auf zunehmende Erschöpfung. Er nimmt zudem eine Menge Kohlenhydrate auf, die kein moderner, im Sitzen arbeitender Mensch verbrennt. Die überschüssige Energie speichert der Körper dann bevorzugt als Diabetes befeuerndes Bauchfett (s. Kasten). Um den fatalen Prozess zu unterbrechen, sollten Sie klare Esspausen zum Teil ihres Ernährungsalltags machen. Das heißt: Machen Sie zwischen den Mahlzeiten unbedingt vier bis fünf Stunden Pause – und essen Sie dann wirklich gar nichts, auch kein Stück Rohkost. Diese Nahrungspausen sind die Pflicht – die drei folgenden Varianten bilden die Kür. Um eine Diabetesremission zu erzielen, werden Sie auch diese brauchen.

Intervallfasten

Die nächtliche Essenspause auf zwölf, besser 16 Stunden zu verlängern, zwingt den Körper, vermehrt Fettreserven anzugreifen, um den Stoffwechsel am Laufen zu halten. Regelmäßig angewandt (idealerweise jeden Tag!), hilft Intervallfasten damit, Leber und Bauchspeicheldrüse zu entfetten – und die schädlichen Fettdepots am Bauch abzubauen. Positiver Nebeneffekt: Wer eine Mahlzeit ausfallen lässt – bei Diabetikern sollte es möglichst das Abendbrot sein –, kommt rasch auf ein mitunter großes Energiedefizit und nimmt so noch besser ab. Denn Esspausen hemmen die Aktivität bestimmter Immunzellen, die Entzündungsreaktionen auslösen. Und verstärken zugleich die Aktivität von Sirtuinen, bestimmten Enzymen, die offenbar den Zelltod verzögern können.

Hafertage

Eine weitere, äußerst günstige Möglichkeit, den Körper in eine Art von Fastenmodus zu bringen, sind sogenannte Hafertage:

> »DU MUSST NICHT NUR MIT DEM MUNDE, SONDERN AUCH MIT DEM KOPFE ESSEN.«
>
> FRIEDRICH NIETZSCHE

Dazu dreimal täglich 75 Gramm Haferflocken in 300–500 Millilitern Wasser aufkochen und 5 Minuten quellen lassen. 50 Gramm Beeren pro Tag sowie Gewürze und Kräuter sind zusätzlich erlaubt. Mindestens ein Hafertag pro Woche wäre ideal. Denn Hafer und Beeren können darüber hinaus den Blutzuckerverlauf glätten.

Modifiziertes Fasten

Diese Variante ist ideal zum Start in eine Ernährungstherapie gegen Typ-2-Diabetes. Dabei nehmen Patienten dreimal täglich Formula-Produkte zu sich – etwa Shakes. Diese liefern viel Eiweiß und alle sonstigen, lebenswichtigen Nährstoffe, aber kaum Kohlenhydrate. Auf diese Weise nehmen Patienten nur 800 bis 1 200 Kalorien pro Tag zu sich, versorgen den Körper ausreichend mit allem Wichtigen und entfetten Leber und Bauchspeicheldrüse zuverlässig. Eine solche Kur kann mehrere Wochen gehen – und so den Stoffwechsel normalisieren, wie die DiRECT-Studie beeindruckend gezeigt hat. Wichtig: Lassen Sie sich dabei unbedingt von einem Ernährungsmediziner begleiten! Formula-Produkte aus dem Supermarkt haben oft eine ungünstige Zusammensetzung. Zudem droht in Eigenregie Unterzuckerung, etwa, wenn die Medikamente nicht angepasst wurden. Typ-1-Diabetiker sollten sich vorab mit ihrem Diabetologen besprechen.

WENIGER SÜSSES – UND BITTE KEINE FRUKTOSE

Zuckerreiches bedeutet Schwerstarbeit für die Bauchspeicheldrüse. Daher sollten Diabetiker die tägliche Zuckermenge reduzieren und möglichst auf Fruktose verzichten. Denn: Fruchtzucker wird ohne Insulin in der Leber verstoffwechselt, dabei zum Großteil in Fettsäuren umgewandelt – und direkt in den Organen oder am Bauch gespeichert. Zudem stört Fruktose die Signalwege von Sättigungshormonen wie Leptin, weshalb nach dem Genuss von Fruchtzucker keine Sättigung einsetzt. Beides verschlimmert Übergewicht und die diabetische Stoffwechsellage. Besonders fruktosereich sind:

- Fertigprodukte (besonders Backwaren, Müslis, Produkte mit dem Etikett »light« oder »für Diabetiker«; Fruchtgummi)
- Limonaden, Säfte, Wellness-Getränke
- Zuckerreiche Obstsorten wie Trauben, Bananen, Süßkirschen und Mangos; ebenso Trockenfrüchte. Achtung: Konzentrierter Fruchtzucker verbirgt sich auch hinter Substanzen mit Namen wie Maissirup (Corn Syrup bzw. HFCS) oder Agavendicksaft. Haushaltszucker (Saccharose) und Isoglukose bestehen zu 50 Prozent aus Fruktose.

Morgens ein König …

Studien haben gezeigt: Unsere Stoffwechselrate ist morgens und mittags am besten, der Körper setzt aufgenommene Energie dann effektiver um als abends. Daher sollten Sie die letzte Mahlzeit des Tages möglichst früh zu sich nehmen, diese eher schmal halten – und dabei vor allem an Kohlenhydraten sparen. Das stabilisiert den Glukosespiegel im Blut auf niedrigem Niveau und befeuert die Fettverbrennung über Nacht.

HÄUFIG GESTELLTE FRAGEN

Zum Thema Abnehmen geistern viele Halbwahrheiten und Mythen umher. Der folgende Fragenkatalog klärt, welche davon stimmen und welche Sie getrost vergessen dürfen.

Macht langsam essen schlank?

Ja – das haben inzwischen mehrere Studien bewiesen. Übergewichtige schlingen deutlich stärker als Menschen mit normalem BMI. Da es gut 20 Minuten dauert, ehe eine Sättigung eintritt, sollte jeder möglichst lange kauen.

Braucht unser Gehirn Zucker?

Ja – aber die 140 Gramm Glukose, die das Gehirn als Treibstoff benötigt, kann der Körper aus gesunden Lebensmitteln wie Hülsenfrüchten und Gemüse ziehen oder über die Leber mittels Eiweißabbau bilden. Süßes ist als Nervennahrung überflüssig.

Gibt es »Zero Calorie Food«?

Nein. Häufig mischen Hersteller solchen Produkten Zusatzstoffe bei, etwa Farb- und Konservierungsmittel. Diese braucht der Körper nicht nur nicht, sie können ihm auch nachweislich schaden. Während mit künstlichen Lightprodukten niemand gesund abnimmt, hält die Natur jede Menge ultragesunde Low Calorie Food bereit: zum Beispiel Radieschen und Gurken. Diese füllen den Magen, ohne das Energiekonto zu belasten.

Ist Übergewicht angeboren?

Jein. Es gibt Genmutationen, die die Neigung dafür erhöhen – weil sie etwa bewirken, dass Körperzellen schneller und damit insgesamt mehr Glukose aufnehmen können. Extra-Energie, die der Körper dann als Fett speichert. Zudem bestimmt der Lebensstil unserer Eltern, wie aktiv einige unserer Gene sind – etwa jene, die die Stoffwechselrate steuern. Doch all das heißt nicht, dass Menschen mit dieser Vorbelastung dick sein oder bleiben müssen.

Schadet wenig Schlaf der Figur?

Ja. Wer wenig schläft, hat mehr Zeit, etwas zu essen – und nimmt im Schnitt 385 Kalorien zusätzlich auf. Zudem beeinflussen kurze Nächte den Hunger-Sättigungs-Regelkreis ungünstig, wir haben mehr Appetit. Und: Wenig Schlaf stört Stoffwechselprozesse, sodass Muskeln sich die nötige Energie eher aus Proteinen als aus Glukose holen. Das erhöht den Blutzucker und die Fetteinlagerung.

Diabetes haben nur alte Leute?

Leider nein. Typ-1-Diabetes manifestiert sich seit jeher bei der Mehrzahl der Patienten bis zum Jugendalter. Typ-2-Diabetes traf früher tatsächlich vor allem alte Menschen, weshalb er den Beinamen „Alterszucker" bekam. Heute werden die Patienten stetig jünger. Der Grund: Die Hauptrisikofaktoren – ungesunde Ernährung, zu wenig Bewegung und Übergewicht – treten bei immer mehr jungen Menschen auf, selbst bei Kindern und Jugendlichen.

BLITZ-GUIDE: MIT MESSER UND GABEL DEN DIABETES BEKÄMPFEN

Nun komme ich ausführlicher auf mein Lieblingsthema zu sprechen: die Frage, mit welcher Ernährungsweise genau sich die Blutzuckerwerte bessern lassen – um im besten Fall eine Diabetesremission zu erreichen. Drei Strategien sind es vor allem, mit denen Sie mein Konzept der artgerechten Ernährung (s. S. 39) Stück für Stück in Ihrem Alltag verankern sollten. Beginnen Sie dabei dem 20:80-Prinzip gemäß mit der Strategie, die Ihnen spontan am meisten zusagt. Ich verspreche Ihnen: Egal, welche Anregung Sie als erste aufgreifen, Sie werden Ihren Zuckerstoffwechsel damit positiv beeinflussen. Und das bald nicht nur an den Blutwerten ablesen können, sondern auch daran, dass Sie sich nach vier bis sechs Wochen leistungsfähiger, konzentrierter und wacher fühlen.

STRATEGIE 1: ALLES AUF BALLASTSTOFFE SETZEN

Gemüse, Hülsenfrüchte, Vollkorngetreide und Nüsse sind Ihre besten Verbündeten im Kampf gegen den Diabetes. Denn sie tragen eine wahre Wunderwaffe in sich: Ballaststoffe. Die komplexen Verbindungen aus Zuckermolekülen gehören zwar zu den Kohlenhydraten – bilden dabei aber eine eigene Kategorie. Denn: Anders als schnell verdauliche Kohlenhydrate, etwa in Süßigkeiten und Weißmehl, können unsere Verdauungsenzyme im Dünndarm diese Faserstoffe nicht aufspalten. Lediglich wenige Bakterienarten im Dickdarm vermögen es, einige Ballaststoffe zu verwerten, daher liefern diese kaum Energie. Dafür haben sie umso mehr Gesundwirkungen. Am spannendsten für Diabetiker: Da wasserlösliche Ballaststoffe Flüssigkeit binden, vergrößert sich das Volumen des Nahrungsbreis im Magen, die Magenwand wird gedehnt und die Produktion von Sättigungshormonen angeregt. Zudem verzögert sich die Magenentleerung. Der Blutzuckeranstieg nach einer Mahlzeit verlangsamt sich also. In der Folge muss die Bauchspeicheldrüse weniger Insulin herstellen – und der geringere Insulinspiegel verhindert wiederum, dass der Körper überschüssige Energie allzu leicht als Fett einlagern kann.

Aber Ballaststoffe können noch mehr: Sie erhöhen die bakterielle Vielfalt der Darmflora, senken die Cholesterinwerte und erleichtern das Abnehmen. All das wirkt zusätzlich Diabetes entgegen (s. S. 20 bzw. 21).

Aktuell nehmen Menschen hierzulande etwa 23 Gramm Ballaststoffe pro Tag zu sich. Diabetiker sollten auf mindestens 30, besser 40 Gramm kommen – und den Tagesbedarf vor allem aus zuckerarmen Quellen decken (s. Kasten). Ein Zuviel gibt es nicht, außer zu Beginn der Ernährungsumstellung: Wer versucht, von jetzt auf gleich vom Imbissfood-Fan zum Gemüse-Junkie zu werden, handelt nicht nur an seinen Gewohnheiten vorbei und überfordert sich, sondern muss zudem mit Verdauungsbeschwerden rechnen. Schleichen Sie Ballaststoffe daher wie ein Medikament ein – indem Sie die Tageszufuhr pro Woche um etwa fünf Gramm steigern.

So klappt's: Weißmehlnudeln gegen Hülsenfrüchte-Pasta tauschen. Zum Frühstück Vollkornhaferflocken, Rohkost und Nüsse essen. Zu jeder Mahlzeit einen kleinen Beilagensalat reichen. Gesunde Toppings wie Kleie und Leinsamen über Gerichte streuen. Das Wichtigste: Möglichst viel Gemüse essen!

BALLASTSTOFFBOMBEN

- Leinsamen, ungeschält: 36 g
- getr. weiße Bohnen: 23 g
- getr. Kichererbsen: 21 g
- Erdmandeln, getr. Erbsen sowie Schwarzwurzeln: 17 g
- Mandeln: 14 g
- getr. Linsen und Topinambur: 12 g
- Mandeln: 14 g
- Vollkornhaferflocken: 10 g
- Kürbiskerne, Pumpernickel: 9 g
- Vollkornnudeln, -Roggenbrot: 8 g
- Walnüsse: 6 g
- Himbeeren; grüne Erbsen, gegart: 5 g

jeweils pro 100 g;

Quelle: Die große GU Nährwert-Kalorien-Tabelle, 2022/23

DIE ÜBELSTEN DIABETESLOCKER

Einige Lebensmittel beeinflussen den Zuckerstoffwechsel besonders negativ. Lesen Sie, welche das sind, warum sie uns schaden und welche Mengen gerade noch akzeptabel sind.

Krankmachende Durstlöscher: Limonaden & Säfte

Der Zucker darin geht umstandslos ins Blut – Diabetiker müssen Medikamente aufdosieren und nehmen leichter zu, was die Stoffwechsellage verschlimmert. Ein 200-ml-Glas pro Tag sollte daher das Maximum sein – wenn nichts anderes Süßes dazukommt.

Feiner Feind: Weißmehl

Ob in Nudeln, Brot oder Kuchen: Raffinierte Mehle lassen den Blutzucker Achterbahn fahren und sorgen für Heißhunger. Daher für den Anfang die Menge halbieren. Grundsätzlich gilt: je unberührter das Korn (und je höher die Mehltype), desto besser!

Ungute Proteinquelle: Fleisch

Auch wenn Eiweiß auf dem Teller eigentlich wünschenswert ist, manche Fleischfans nehmen extrem viel tierisches Eiweiß auf. Das verschärft, so eine Langzeitstudie, eine Insulinresistenz – ein Problem, das 90 Prozent der Diabetiker aufweisen. Schweinefleisch befeuert zudem bei Diabetes bestehende chronische Entzündungen.

Süß-fettige Sünden: Industrielle Backwaren

Wer häufig Croissants, Kekse und Co. isst, wird die Krankheit kaum heilen. Das liegt am Zucker und an Transfettsäuren, die den Stoffwechsel ungünstig beeinflussen. Backwaren gehören neben Wurst und Süßgetränken zu den drei lebensverkürzendsten Nahrungsmitteln. Daher: Hände weg!

Versteckte Zuckerbomben: Fertigprodukte

Industriell hergestellte »Lebensmittel« gleichen oft Süßigkeiten: Da Zucker ein Geschmacksträger ist, steckt er in fast allen Fertigprodukten – selbst in Herzhaftem wie Pizza oder Wurst. Diabetiker sollten sie höchstens einmal pro Woche essen, besser seltener!

Falsche Freunde: Lightprodukte

Laut Studien bringen künstliche Süßstoffe wie Aspartam den Zuckerstoffwechsel so durcheinander, dass der Glukosespiegel nach den Mahlzeiten übermäßig stark ansteigt. Zudem verschlechtern einige Süßstoffe die Darmflora, was das Diabetesrisiko insgesamt erhöht. Wie bei normal gesüßten Limonaden gilt: Am besten komplett streichen!

DIE BESTEN DIABETESBLOCKER

Diese Lebensmittel schonen die Bauchspeicheldrüse und haben weitere positive Wirkungen auf den Körper. Erfahren Sie, was sie können und wie sie sich in der Küche einsetzen lassen.

Perfekte Frühstückszutat: Haferflocken

Sie enthalten Beta-Glucane, spezielle Ballaststoffe, die den Glukosespiegel stabil halten und Studien zufolge den HbA1c-Wert senken können. Mein Tipp: Ein Porridge aus 60 g Haferflocken, einmal kurz aufgekocht in 200 ml (Pflanzen-)Milch, mit 1 Handvoll Beeren und nach Belieben gewürzt und gesund gesüßt, sättigt mehrere Stunden.

Kerniger Sattmacher: Eiweißbrot

Nussmehle, Nüsse, Körner und Samen ersetzen hier das Weißmehl. Dank dieser Zutaten steigt der Protein- und Ballaststoffgehalt des Brotes deutlich. Dadurch macht Eiweißbrot für viele Stunden satt – und ungünstige Blutzuckerspitzen bleiben aus. Backen Sie doch mal die proteinreichen Haferkleiebrötchen (s. S. 76).

Knackiges Superfood: Pistazien, Mandeln, Walnüsse

Sie gehören zu den Lieblingsobjekten der Ernährungsmedizin, denn das Trio liefert alle Nährstoffe, die für Diabetiker günstig sind, im perfekten Verhältnis. 30 g Nüsse pro Tag sind ideal und senken nachweislich das Risiko für Diabetes, Übergewicht, Infarkte und Krebs.

Grünes Spitzengemüse: Brokkoli

Die Röschen liefern jede Menge Sulforaphan, einen sekundären Pflanzenstoff, der die Zuckerneubildung in der Leber bremst. Dadurch kann Brokkoli den Blutzucker senken und die Wirkung von Medikamenten bei schlecht eingestellten Diabetikern unterstützen. Wichtig: Sulforaphan wird beim Kochen abgebaut – daher Brokkoli nicht zu lang garen.

Runde Nährstoffbomben: Erbsen, Linsen und Co.

Hülsenfrüchte stecken voller Ballaststoffe und Pflanzenproteine. Von beidem essen Diabetiker oft zu wenig – dabei profitiert ihr Zuckerstoffwechsel besonders. Gegart und püriert wird aus ihnen ein toller Brotaufstrich, auch Frikadellen lassen sich gut daraus zaubern.

Farbenprächtige Süß-Minis: Beeren

Ob Heidel-, Him- oder Brombeeren: Die Früchte enthalten sekundäre Pflanzenstoffe, die den Blutzucker stabilisieren und die Verbrennung von Bauchfett anregen. Wann immer Diabetiker Süßes essen wollen, sollten sie zu Beeren greifen – etwa beim Dessert.

> »DER WEG ZUR GESUNDHEIT FÜHRT DURCH DIE KÜCHE, NICHT DURCH DIE APOTHEKE.«
>
> SEBASTIAN KNEIPP

STRATEGIE 2: AN DEN KOHLENHYDRATEN SPAREN

Schnell verdauliche oder auch »leere« Kohlenhydrate sind die bösen Gegenspieler der ultragesunden Ballaststoffe. Die Zucker verursachen eine extrem hohe Insulinausschüttung: Der Blutzuckerspiegel steigt erst rasant an und fällt anschließend ähnlich rasant wieder ab. Die Folge: Der Körper produziert vermehrt Hungerhormone – wir spüren Heißhunger-Attacken. Dazu sättigen isolierte Kohlenhydrate grundsätzlich kaum, da der Dünndarm sie leicht verdauen kann.
Wer regelmäßig viele Kohlenhydrate isst, hat daher einen dauerhaft erhöhten Insulinspiegel und damit eine gebremste Fettverbrennung. Das begünstigt die Fetteinlagerung in den Organen und am Bauch – was die diabetische Stoffwechselproblematik verschlimmert und zu schlechten Blutfettwerten führt. Groß angelegte Studien haben entsprechend gezeigt: Ein hoher Kohlenhydratkonsum verkürzt die Lebenserwartung von Diabetespatienten zusätzlich. Umgekehrt gilt: Wer einer kohlenhydratarmen Ernährung (meist Low Carb genannt) folgt, profitiert als Zuckerkranker besonders. Mehr als 120 Gramm Kohlenhydrate sollten es am Tag für Diabetiker nicht werden. Weniger gern!

So klappt's: Mindestens die Hälfte klassischer Beilagen durch Gemüse ersetzen. In Pürees, Suppen und Aufläufen die Kartoffeln mit Möhren, Brokkoli oder Kürbis tauschen. Statt Limonaden und Säften aromatische Tees, etwa aus Früchten, trinken. Beim Backen ein Drittel des Weißmehls durch Mandelmehl ersetzen und ansonsten möglichst auf Vollkorn setzen. Im Rezeptteil finden Sie einen Pizzateig mit Bohnen. Anstelle von Paniermehl gemahlene Haferflocken oder ebenfalls Mandeln nutzen.

STRATEGIE 3: GENÜGEND EIWEISS KONSUMIEREN

Proteine sind weitere natürliche Zuckersenker. Auch sie erhöhen die Verweildauer von Nahrung im Magen: Das bremst den Blutzuckeranstieg nach einer Mahlzeit, senkt so den Insulinspiegel und regt den Fettabbau an. Zudem sättigen Proteine schnell und lang: Das Sättigungsgefühl ist an die Proteinaufnahme geknüpft – erst, wenn wir 20 bis 30 Gramm Eiweiß pro Mahlzeit konsumiert haben, sendet der Körper Satt-Signale.
Außerdem helfen Proteine beim Abnehmen: Um die komplexen Moleküle aufzuspalten, verbraucht unsere Verdauung ein Viertel der Kalorien, die Eiweiße liefern. Dazu nutzt der Organismus sie als Heizstoff – und wandelt viel der gelieferten Energie in Wärme um anstatt in Fett. Und schließlich: Eiweiße bremsen Belohnungsreaktionen im Gehirn beim Essen und wir können eine Mahlzeit leichter beenden. 1–1,2 Gramm pro Kilo Normalgewicht sollten es pro Tag sein.
So klappt's: In jedes Gericht können Sie bewusst Eiweißreiches integrieren, idealerweise aus pflanzlichen Quellen – wie etwa Hülsenfrüchte (ergibt prima Veggieburger),

MIKRONÄHRSTOFFE: KLEINE HELFER MIT GROSSER WIRKUNG

- **Antioxidantien:** Dauerhaft erhöhte Zuckerwerte setzen die Zellen unter sogenannten »oxidativen Stress«, der chronische Entzündungen befeuert. Viele sekundäre Pflanzenstoffe, insbesondere Farbstoffe (Flavonoide), wirken dem entgegen, sind also antioxidativ – und stabilisieren den Blutzucker. Gute Quellen: alle intensiv farbigen Gemüsesorten und Beeren.
- **B-Vitamine:** Sie spielen als Co-Enzyme eine Hauptrolle im Zuckerstoffwechsel. Diabetiker haben einen erhöhten Bedarf, scheiden B-Vitamine aber vermehrt aus. Gute Quellen: Weizenkeime, Kleie, Milch, Hefe, Lachs, Eier, Hülsenfrüchte, grünes Gemüse.
- **Vitamin C:** Erhöhte Blutzuckerspiegel hemmen die Aufnahme. Deshalb auf ausreichende Zufuhr achten. Gute Quellen: Paprika, Johannisbeeren, Brokkoli, Fenchel und Zitrusfrüchte.
- **Chrom:** Das Spurenelement hilft, den Insulinspiegel zu regulieren. Diabetiker scheiden es vermehrt aus, was die Einstellung des Blutzuckers erschweren kann. Gute Quellen: Pilze, Vollkornprodukte, Fleisch, Weizenkeime.
- **Vitamin E:** Schützt den Körper vor zellschädigenden Kettenreaktionen durch freie Radikale – und so die stark gefährdeten Gefäße von Diabetikern vor Schäden. Gute Quellen: pflanzliche Fette, Nüsse, grünes Blattgemüse.
- **Magnesium:** Diabetiker leiden häufig an einem Mangel. Das erschwert die Blutzuckereinstellung, erhöht die Insulinresistenz und begünstigt Schäden am Auge. Gute Quellen: Nüsse, Soja, Vollkornprodukte, Kakao, Spinat.
- **Omega-3-Fettsäuren:** Schlechte Blutfettwerte sind bei Diabetikern häufig – und ein Risikofaktor für Herzinfarkt. Daher profitieren Zuckerkranke besonders von der blutfettsenkenden, gefäßschützenden Wirkung der Omega-3-Fettsäuren. Gute Quellen: fette See- und Flussfische, Algenpräparate, Lein-, Raps-, Hanf- und Walnussöl sowie Nüsse und Samen.
- **Zink:** Viele Diabetiker, insbesondere jene mit Bluthochdruck, weisen ein Defizit an dem Spurenelement auf. Das verringert die Wirkung von Insulin. Gute Quellen: Kerne, Samen, Haferflocken, Hülsenfrüchte, Walnüsse.

Nusskerne, Samen oder verarbeitete Produkte wie Tofu oder Tempeh. Laut Studien lässt sich gerade bei Diabetikern das Risiko für Herz-Kreislauf-Erkrankungen senken, wenn sie Fleisch gegen eiweißreiche pflanzliche Produkte tauschen. Besonders gut: Statt Süßem lieber mal Nüsse und Kerne naschen. Klassische Beilagen durch proteinreiche Pseudogetreide wie Buchweizen oder Quinoa ersetzen. Anstelle von Konfitüre und süßer Nuss-Nugat-Creme ein reines ungesüßtes Nussmus verwenden.

AUF DIE PLÄTZE ... BEWEGTES LEBEN OHNE DIABETES

Unsere Ahnen waren echte Superläufer: Mitunter liefen sie in der Savanne stundenlang einem Beutetier hinterher, bis es erschöpft und leicht zu erlegen war. Auch ein paar Samen und Früchte waren Anlass genug für lange Wege. Unsere Großeltern liefen als Kinder häufig kilometerweit zur Schule und verrichteten deutlich weniger Tätigkeiten im Sitzen. Und wir heute? Wir legen oft nur die paar Meter zwischen Bett, Küche, Bad, Auto und Büro zurück; und nach der Arbeit geht es meist ab aufs Sofa. Viele Menschen kommen so nicht mal auf 2000 Schritte am Tag. Um zu erkennen, dass dieser radikale Bruch mit der Jahrhunderttausende alten, buchstäblich bewegten Menschheitsgeschichte uns schadet, braucht es kein Medizinstudium. Aber wer seinen Diabetes lindern oder heilen will, muss

ZUCKERSENKER MUSKELN

Gut 650 Muskeln gibt es im menschlichen Körper. Die sogenannte glatte Muskulatur ist für uns nicht kontrollierbar. Sie hilft unseren Organen – lässt etwa den Darm kontrahieren. Anders bei den quergestreiften Muskeln (oder »Skelettmuskeln«): Diese können wir an- und entspannen. Sie enthalten drei verschiedene Arten von Muskelfasern – jede davon regelt unterschiedliche Bewegungen. Besonders günstig für Diabetiker ist jener Typ, der bei hohen Belastungen aktiv und über Krafttraining gestärkt wird. Denn diese Muskelfasern verbrennen selbst dann, wenn sie nicht arbeiten, noch mehr Energie als jene Muskeln, die wir für Ausdauersport und schnelle Bewegungen benötigen. Und helfen, den Blutglukosespiegel zu senken.

verstehen, wie Sport den Stoffwechsel unterstützt. Dann ist er motiviert, Bewegung und gesundes Essen in das Leben zu integrieren.

WARUM SPORT BEI DIABETES SO HILFREICH IST

Der erste, offensichtliche Vorteil: Wenn wir uns bewegen, verbrennen wir mehr Energie. Das extra Tolle: Sport greift, wenn wir länger als eine halbe Stunde trainieren, besonders das Körperfett an, vor allem jenes am Bauch. So kann dieses weniger schädliche Hormone herstellen, die die Insulinsensitivität der Zellen herabsetzen. Zudem sind die Botenstoffe der Muskulatur so etwas wie die natürlichen Gegenspieler der schädlichen Bauchfett-Hormone. Das Myokin Interleukin 15 etwa hilft, das viszerale Bauchfett zu reduzieren. Und damit die Wirksamkeit des Insulins wieder zu erhöhen. Da sich dieser Effekt nach zwei Tagen reduziert, ist es so wichtig, regelmäßig zu trainieren. Entsprechend haben Studien gezeigt: Treiben insulinpflichtige Diabetiker pro Woche zusammengenommen mindestens 150 Minuten Sport, können sie die Insulindosis reduzieren und Medikamente mitunter ganz absetzen.

Wie Sport uns hilft, weniger zu essen und zu snacken

Doch das ist nicht alles: Sport hilft zudem, den Satt-Hunger-Regelkreis zu normalisieren, der bei übergewichtigen Diabetikern aus dem Takt geraten ist. Laut einer Studie genügt bereits ein 30-minütiger Spaziergang am Tag, um eine Resistenz gegen das Sättigungshormon Leptin zu lindern.

Es gibt noch einen psychologischen Grund, warum sportlich aktive Diabetiker weniger hungrig sind. Denn wenn wir uns regelmäßig bewegen, senkt das nicht nur langfristig unseren Spiegel der Stresshormone – sodass wir seltener gegen den Stress anessen müssen. Kurzfristig löst Sport zudem ein Glücksgefühl aus. Woher dieses rührt, ist noch nicht restlos geklärt. Es hängt vermutlich mit der Freisetzung von Wachstumsfaktoren und Botenstoffen im Gehirn zusammen. Dieses Bewegungs-High beeinflusst indirekt unser Essverhalten, indem es einen guten Ersatz für Chips, Schokolade und Co. darstellt. Der Hintergrund: Wenn wir Hochkalorisches zu uns nehmen, setzt der Körper Botenstoffe wie Dopamin frei, die der Volksmund »Glückshormone« nennt. Daher essen wir häufig nicht, um unseren Hunger zu stillen, sondern um uns zu trösten, Ärger zu kompensieren, uns gegen Stress zu wappnen oder sonstige negative Gefühle herunterzuregulieren. Indem Sport uns ein ähnliches Hochgefühl verschafft, lindert es diesen sogenannten hedonistischen Hunger.

WIE SIEHT DAS IDEALE SPORTPROGRAMM AUS?

2 + 2 = diabetesfrei: So lautet die Formel zum perfekten Training für Zuckerkranke. Um Muskeln aufzubauen, sollten Sie zweimal pro Woche 30 Minuten Krafttraining und zweimal pro Woche 45-minütige Ausdauereinheiten betreiben. Gehen Sie es dabei bezüglich der Intensität langsam an! Denn bei untrainierten, übergewichtigen Menschen benötigt der Körper etwa drei Wochen, um sich an die neuen Trainingsreize zu gewöhnen – vom Herz-Kreislauf-System bis zu den Sehnen. Unsere Muskeln versuchen anfangs auch, vorhandene Fasern besser zu nutzen statt neue aufzubauen. Daher sind Sportneulinge im ersten Monat oft schon nach wenigen Minuten erschöpft. Wer den frustrierenden Start durchsteht, bemerkt rasch Erfolge. Denn ab Woche vier kommt es zur sogenannten Hypertrophie: Die Muskeln bemerken, dass der regelmäßige Trainingsreiz größer ist als ihre aktuelle Leistungsfähigkeit und bilden neue Muskeln.

Günstige Sportarten

Als Ausdauersportarten sind für den Anfang Nordic Walking, Schwimmen (Kraulen!), Aquafitness, Radfahren oder Tanzen ideal. Später wären zusätzlich Aquajogging mög-

WORKOUT-QUICKIE FÜR JEDE GELEGENHEIT

AUF GEHT'S: SO STEIGERN SIE IHRE ALLTAGSAKTIVITÄT SPIELEND

- Recken und strecken Sie sich nach dem Aufstehen ausgiebig. Noch besser: Machen Sie wie die Großeltern 5 Minuten Gymnastik vorm Fenster.
- Nutzen Sie die Zeit beim Zähneputzen für ein, zwei, drei Kniebeugen.
- Parken Sie das Auto weiter vom Büro weg als normalerweise – und laufen Sie so ein paar Meter vor Arbeitsbeginn. Sie sind im Homeoffice oder in Rente? Gehen Sie nach dem Frühstück eine Runde um den Block.
- Benutzen Sie anstelle eines (Büro-)Stuhls einen Gymnastikball.
- Verabreden Sie sich zu einem Spaziergang mit der Freundin/dem Freund – anstelle eines Kaffeetrinkens. Oder kombinieren Sie beides.
- Legen Sie beim Wohnungsputz ein paar Tanzschritte ein. Und übernehmen Sie die besonders anstrengenden Aufgaben, wie etwa das Bodenwischen.
- Laufen Sie beim Telefonieren langsam durch die Wohnung.
- Wo immer Sie warten müssen: Spannen Sie bewusst so viele Muskeln wie möglich an, und entspannen Sie sie wieder – und wiederholen Sie das Ganze ein paar Mal.
- Ob Tagesschau oder Krimi: Machen Sie beim Fernsehen auf dem Sofa Mini-Übungen. Wie: Arme zur Seite strecken und so lang wie möglich kreisen.

lich und für Diabetiker mit nur geringem Übergewicht und ohne Gelenkprobleme auch Jogging, Spinning oder Rudern. Für den Anfang günstige Kraftsportarten sind Yoga, Pilates, Theraband-Übungen, (Rücken-) Gymnastik, Gerätetraining, Functional Training (Übungen mit dem Eigengewicht wie Liegestütze und Kniebeugen). Später zusätzlich möglich (für Diabetiker ohne Gelenkbeschwerden): CrossFit, Poledance, Ballett, Kampfsport. Das wichtigste Kriterium bei der Wahl eines Sports ist jedoch der Spaß! Wer sich nur deshalb für ein Training entscheidet, weil es günstig für Diabetiker sein soll, wird das Vorhaben, sich mehr zu bewegen, schnell aufgeben. Wollen Sie eigentlich nur Tischtennis spielen, wie früher als Kind? Dann tun Sie das! Hauptsache, Sie kommen in Bewegung. Einzig ein wenig Krafttraining sollte jeder als verpflichtend betrachten, weil die Auswirkungen so extrem positiv sind. Lediglich übergewichtige Hochdruckpatienten sollten auf Krafteinheiten verzichten, bis sie ein gesundes Gewicht erreicht haben, um das Herz nicht zu belasten. Bei einem Blutdruck von mehr als 160/95 mmHg sollten sie erst auch auf Ausdauertraining verzichten, versuchen, die Werte medikamentös einzustellen und bis dahin über die Ernährung abzunehmen. Das Gute: Für absolut untrainierte Menschen genügt schon eine halbe Stunde Spazierengehen alle drei Tage, um neue Muskeln aufzubauen, am besten mit anderen: Denn Aktivitäten, die in der Gruppe stattfinden, sind wirksamer.

ENTSPANNT IM GLEICHKLANG, LEBEN MIT DER INNEREN UHR

Sie wissen jetzt, wie Sie Ihre Ernährung ganz individuell anpassen und mehr Bewegung in den Alltag integrieren können, um so die Zuckerwerte zu verbessern. Eine wichtige Säule für die Diabetesremission fehlt aber noch – der Abbau von Stress. Sobald ich in Patientengesprächen auf dieses Thema komme, höre ich oft etwas abfällig Sätze wie: »Ach, soll ich jetzt Yoga machen oder meditieren, oder was?« Ja, genau! Erklären meine Patienten dann, dass das einfach nicht gehe – die Kinder, die Arbeit, der blöde Chef etc. pp. –, erwidere ich oft ketzerisch, dass sie dann direkt weiter Pommes und Fruchtgummi essen könnten, da es mit der Diabetesheilung bei chronischem Stress schwierig würde. Die Forschung ist hier eindeutig: Wer – wie die meisten von uns – gegen seine innere Uhr

WAS IST DIE INNERE UHR?

Mit diesem Begriff wird die Tatsache bezeichnet, dass bestimmte körperliche (Stoffwechsel-)Prozesse zeitlich organisiert ablaufen und sich in festen Rhythmen wiederholen. Die Taktgeber sind häufig äußere Einflüsse, wie etwa Licht und Temperatur. Ein bekanntes Beispiel ist der Tag-Nacht-Zyklus: Stimmen innere Uhr und äußere Taktgeber nicht mehr überein, etwa aufgrund eines Fernflugs, kommt es zu den typischen Jetlag-Problemen. Ein für Diabetiker spannendes Beispiel konnten Forscher in der Leber beobachten: Über Tag baut sie den Kohlenhydratspeicherstoff Glykogen aus zugeführten Nährstoffen auf. Abends baut sie diesen wieder zu Glukose ab, um den Körper mit Energie zu versorgen. Essen wir spätabends noch, macht die Leber beides gleichzeitig – was den Zuckerstoffwechsel stört. Essen wir dagegen eher früh und leicht zu Abend, leben wir im Einklang mit unserer inneren Uhr.

lebt und kein aktives Stressmanagement betreibt, belastet seinen Körper enorm. Studien zeigen etwa:

- Chronischer Stress und schlechter Schlaf – beides tritt oft gemeinsam auf – erhöhen das Risiko für fast alle Zivilisationskrankheiten (Diabetes, Adipositas und Bluthochdruck) und verschlimmern deren Symptome.
- Menschen, die in Schichten arbeiten, insbesondere nachts, werden eher übergewichtig, leiden häufiger an Diabetes, psychischen Erkrankungen und einigen Krebsarten.

CHRONISCHER STRESS VERSCHLIMMERT DIABETES

Im Grunde ist Stress etwas Gutes – er ist ein echter Überlebenshelfer. Denn bei außergewöhnlichen Belastungen produziert unser Körper viel Stresshormon Cortisol: Der Botenstoff sorgt etwa für eine schnellere Herzfrequenz, erhöht den Blutdruck und bremst die Insulinwirkung, hält also den Blutzucker hoch. All das macht uns kurzfristig reaktionsschneller und leistungsfähiger.

Wird Stress allerdings chronisch, bildet der dann dauerhaft erhöhte Cortisolspiegel ein großes Problem – besonders für Diabetiker. Denn durch die cortisolbedingt abgeschwächte Wirkung des Insulins schwimmt dann extraviel davon im Blut. Da der Zuckerhaushalt sowieso bereits aus dem Takt geraten ist, befeuert chronischer Stress die diabetische Stoffwechselproblematik zusätzlich.

Und sicher kennen Sie die Lust auf Süßes bei Stress? Eine erhöhte Cortisolkonzentration verursacht Heißhunger auf Hochkalorisches! Auch lässt es den Körper noch leichter Fett einlagern – erschwert also den Kampf gegen Übergewicht als Hauptursache der Zuckerkrankheit. Sie sehen: Stressabbau ist unumgänglich für alle, die ihren Diabetes heilen wollen.

Das Gute: Wie bereits gesehen, belegen immer mehr Studien, dass diese Maßnahme tatsächlich hilft, die Stoffwechselstörung in den Griff zu bekommen.

TEST

WELCHER RELAX-TYP SIND SIE?

Es gibt drei Entspannungstypen. Um zu erkennen, zu welchem Typ Sie gehören, kreuzen Sie jene Sätze an, die auf Sie zutreffen. Die dominante Farbe verrät, wie Sie am besten relaxen.

Trifft zu

- ○ Spa, Sauna, Massagen, Whirlpool – ich liebe alles. Am besten kombiniert bei einem Wellness-Wochenende.
- ○ Ich arbeite vor allem mit meinem Kopf – an irgendetwas denke ich eigentlich immer.
- ○ Lässt mich jemand warten, nervt mich das so sehr, dass ich irgendwann beinahe aggressiv werde.
- ○ Wenn mich jemand verwöhnt, genieße ich das sehr und kann mich dann auch richtig fallen lassen.
- ○ Wenn um mich herum gar nichts zu hören ist, kann ich mich am besten entspannen.
- ○ Wenn ich mit meinem Körper so richtig an die Grenzen gegangen bin, fühle ich mich danach herrlich entspannt.
- ○ Ich fühle mich besonders ruhig und ausgeglichen an Orten, an denen es gut riecht und einfach angenehm ist.
- ○ Ich entspanne mich eigentlich nur dann so richtig, wenn ich alles um mich herum ausblenden kann.
- ○ Selbst im Urlaub brauche ich volles Programm, sonst werde ich hibbelig und manchmal sogar unausstehlich.
- ○ Nach der Arbeit? Will ich nur noch aufs Sofa.
- ○ Mit Freunden essen gehen oder zusammen kochen, das ist für mich jedes Mal ein echtes Highlight.
- ○ Kann ich mich mal ein paar Tage nicht so richtig viel bewegen, werde ich schnell zickig und ungerecht.
- ○ Habe ich Ärger im Job, hilft es mir, kurz vor die Tür zu gehen und einen schnellen Spaziergang einzulegen.
- ○ Am Meer sitzen und einfach mal wirklich gar nichts tun – für mich ist das das Himmelreich!
- ○ Wenn ich abends im Bett liege, dreht sich das Gedankenkarussell meistens trotzdem weiter.

- ○ Habe ich ein paar Stunden frei, bleibe ich trotzdem im Aktivitätsmodus – und suche mir irgendetwas zu tun.
- ○ Hatte ich viel Stress, löst er sich bei einem Vollbad so zuverlässig auf wie der Badeschaum.
- ○ Nach einem anstrengenden Arbeitstag Musik hören, das könnte ich nie – das stresst mich nur noch zusätzlich.
- ○ Stehe ich an der Kasse in einer langen Schlange, würde ich am liebsten alle Einkäufe zurückstellen – und gehen.
- ○ Am Ende eines Tages lese ich am liebsten ein gutes Buch oder schaue eine Folge meiner Lieblingsserie.

Die Auswertung

Der Genießer-Typ Sie sind viel beschäftigt und auf jeder Party zu Hause. Alle Aufgaben mal abzugeben und sich so richtig verwöhnen lassen – das ist Ihr Entspannungsgarant. Ihnen fallen viele Wege ein, um zu relaxen: Massagen oder Kosmetikbehandlungen, manchmal reicht schon eine Duftkerze, ein Buch oder Klaviermusik. Allerdings: Weil Sie Aufgaben gern an sich reißen, nehmen Sie sich diese Auszeiten zu selten. Und: Sie machen in der Regel zu wenig Sport. Ideal für Sie wären bewusst geplante aktive Pausen mit Bewegungsarten, die beim Runterkommen helfen, wie Pilates, Yoga, Tai-Chi oder auch Boxen.

Der Power-Typ Sie lieben Bewegung – deshalb ist Sport Ihr bester Anti-Stress-Helfer, vom Joggen bis zum Krafttraining. Grundsätzlich super, aber: Wenn Sie sporteln, muss es wehtun. Und das bedeutet Stress für den Körper. Ersetzen Sie daher die Hälfte der intensiven Trainingseinheiten durch gemäßigten Ausdauersport. Und lassen Sie den Puls dabei nur so hoch gehen, dass Sie noch ruhig singen könnten. Denn dann schüttet der Körper Glückshormone statt Stressbotenstoffe aus. Und: Integrieren auch Sie Sportarten mit Entspannungsanteil wie Yoga. Es darf dann auch ruhig die Power-Variante sein.

Der Denker-Typ Als intellektuellem, sensiblem Menschen fällt Ihnen Abschalten schwer. Ihr Kopf ist ständig in Aktion, Ihre Sinne sind meist ein wenig überreizt und Sie selbst nervös. Sie sollten mit Atemübungen und Meditationstechniken versuchen, Ihren Geist zu fokussieren, um gelassener durch den Alltag zu kommen. Auch autogenes Training, Muskelrelaxation nach Jacobson helfen. Und: Obwohl Massagen nicht so das Ihre sind – eine Kopfmassage sollten Sie ausprobieren – die meisten Denker mögen sie.

> »SCHLAF IST DOCH DIE KÖSTLICHSTE ERFINDUNG.«
>
> HEINRICH HEINE

FÖRDERN SIE IHRE EIGENE INNERE TAKTUNG

Einen wichtigen Schritt zu mehr Entspannung können Sie im nächsten Urlaub gehen. Nehmen Sie sich bewusst wenig vor, achten Sie auf Signale Ihres Körpers und geben Sie diesen nach: Wie fühlen Sie sich physisch und psychisch am Vormittag, am Mittag, am Nachmittag und am Abend? Wann sind Sie geistig besonders aufnahmefähig – und in welchen Momenten wollen Sie sich bewegen? Wann möchten Sie dringend ins Bett? Und um wie viel Uhr wachen Sie morgens auf, wenn kein Wecker klingelt? Notieren Sie sich Ihre Beobachtungen unbedingt schriftlich, idealerweise über drei bis vier Tage hinweg. Sie haben dann eine gute Grundlage, um zumindest zu versuchen, den Alltag ein wenig Ihrer inneren Uhr anzupassen. Etwa, indem Sie eine Stunde früher oder später zur Arbeit gehen oder dann sporteln, wenn es Ihnen am leichtesten fällt.

Üben Sie Routinen der Entspannung ein

Yoga, Meditation, Lesen, 20 Minuten Mittagsschlaf, Mandalas zeichnen oder ein abendlicher Spaziergang mit dem besten Freund / der besten Freundin: Welche Entspannungstechniken Sie wählen, ist den Studien zufolge egal. Hauptsache, diese machen Ihnen Freude, Sie starten langsam damit – und integrieren die neuen Gewohnheiten, wie bei der Ernährung, konsequent in Ihren Alltag. Wie es nicht geht: Überengagiert drei Kurse buchen – und nach einer Woche abbrechen, weil die Relax-Technik nur für neuen Stress sorgt.

Schaffen Sie sich Inseln der Entspannung

Eine gute Möglichkeit, Hektik gegen Entspannung zu tauschen, sind unsere Mahlzeiten. Nehmen Sie sich zu Anfang für eine am Tag mindestens 30 Minuten Zeit, genießen Sie Ihr Essen bewusst – und in Ruhe. Gönnen Sie sich eine Serviette, zünden Sie eine Kerze an und versuchen Sie, mindestens eine Mahlzeit am Tag im Familienkreis beziehungsweise mit der Partnerin / dem Partner einzunehmen. Klingt albern? Von wegen! Geteilte Mahlzeiten am Feuer standen am Ausgang der Erfolgsgeschichte Mensch: Wer sein Essen teilt, fühlt sich als Teil einer Gemeinschaft. Und soziale Bande zu erfahren, senkt den Cortisolspiegel enorm. Positiver Nebeneffekt: Zu versuchen, das Essen mit allen Sinnen zu genießen, animiert zum Selberkochen. Denn ein selbst fabrizierter Gemüseauflauf lässt sich einfach besser zelebrieren als eine Currywurst vom Schnellimbiss oder Supermarkt.
Ähnlich hilfreich: regelmäßig 5 Minuten bewusst durchatmen. Anfangs alle 3 Stunden, später stündlich.
Und so geht's:

- Setzen Sie sich dafür aufrecht hin, legen Sie Ihre Handrücken auf die Oberschenkel. Schließen Sie die Augen und atmen Sie tief ein und aus. Spüren Sie nach, wie der Atem durch die Nase ein- und wieder hinausfließt.
- Extra-Übung: Zählen Sie dabei – und beginnen Sie stets aufs Neue bei »eins« zu zählen, wenn Sie merken, Ihre Gedanken schweifen

GUTE NACHT! DIESE ROUTINEN FÖRDERN GESUNDEN SCHLAF

- **Leichte Kost:** Fleisch, Frittiertes, Rohkost und Hülsenfrüchte bedeuten Schwerstarbeit für die Verdauung und verhindern so ruhigen Schlaf. Besser: Drei bis vier Stunden vorm Insbettgehen nur Leichtes essen, etwa eine Gemüsesuppe. Dann ist die Verdauung erledigt, wenn es ans Einschlafen geht.
- **Kein Alkohol:** Ein Glas Rotwein lässt uns zwar leichter wegschlummern – nachts aber auch öfter aufwachen. Denn ist das Nervengift nach vier Stunden abgebaut, leidet der Körper unter einer Art Mini-Entzug. Die Folge: eine Übererregung, die den Schlaf stört.
- **Digital Detox:** Schalten Sie mindestens eine Stunde vorm Schlafgehen alle Bildschirme aus. Der hohe Blaulicht-Anteil in Displays verhindert sonst, dass das Schlafhormon Melatonin angemessen ansteigen kann.
- **Licht anpassen:** Statten Sie die Wohnung mit dimmbaren Leuchtmitteln aus, die sich auch in der Lichtfarbe verändern lassen. So können Sie den natürlichen Helldunkel-Rhythmus simulieren. Tagsüber ideal ist sehr helles, kaltweißes Licht (mindestens 500 Lux und 5000 Kelvin), ab dem Nachmittag dunkles, warmgelbes Licht (höchstens 130 Lux und 2000 Kelvin).
- **Für Konstanz sorgen:** Gehen Sie stets zur gleichen Zeit ins Bett. Das fördert guten Schlaf besonders effektiv.
- **Kein Training nach 19 Uhr**: Beim Sport schüttet der Körper Wachhormone aus – das macht spätes Training zum Schlafkiller. Besser tagsüber, möglichst draußen und zu ähnlichen Zeiten sporteln. Das unterstützt den natürlichen Tag-Nacht-Rhythmus. Sie können nur abends Sport treiben? Dann bitte lediglich leichte Ausdauereinheiten.
- **Die ideale Umgebung schaffen:** Ruhig, dunkel, 18 bis 20 Grad – so ist das ideale Schlafzimmer. Sorgen Sie für eine solche Atmosphäre, etwa mit einer Schlafbrille. Dass wir bei offenem Fenster besser schlafen, ist ein Mythos. Nur, wenn dadurch Ruhe und Dunkelheit nicht gestört sind, befördert die erhöhte Sauerstoffzufuhr guten Schlaf.

ab. Sie kommen anfangs nur bis »zwei«? Das ist absolut normal! Auch wenn es paradox klingt – ich stelle mir selbst für diese Entspannungsroutine den Wecker im Smartphone, um sie in der Alltagshektik nicht zu vergessen. Je nachdem, welcher Entspannungstyp Sie sind, sollten Sie sich zusätzlich mindestens 3 Stunden pro Woche Zeit nehmen für typgerechte Auszeiten. Egal, ob Sie am liebsten per Vollbad, Krafttraining oder autogenem Training relaxen – notieren Sie sich dafür feste Termine im Kalender. Das erhöht die Wahrscheinlichkeit enorm, sich tatsächlich Zeit für die Entspannung zu nehmen.

DIE SCHLAUE STRATEGIE FÜR ERFOLG AUF DER LANGSTRECKE

Bei meinen Patienten erlebe ich immer wieder, dass es den meisten zu Beginn leichtfällt, sich an die Empfehlungen zu halten. Doch auf der Langstrecke straucheln viele, weil es nicht leicht ist, die neuen Verhaltensweisen in wirklich dauerhafte Gewohnheiten zu verwandeln, über die wir nicht mehr nachdenken müssen. Sodass wir uns morgens wie ferngesteuert Porridge anrühren, in der Mittagspause stramm spazieren gehen, jede Stunde fünf Minuten Atemübungen machen und abends eine Gemüsesuppe kochen. Genau diese gesunden Routinen sind aber die Voraussetzung für eine nachhaltige Diabetesremission. Immerhin: Die Wissenschaft kennt inzwischen viele Kniffe, mit denen sich der Rückfall in alte Gewohnheiten verhindern lassen kann.

KURVENKNICK

Bei jeder Ernährungsumstellung kommt es nach acht bis zwölf Wochen zu einer evolutionär angelegten Reaktion des Körpers. Der Organismus merkt: Die neuen Essgewohnheiten werden zum Dauerzustand. Das wertet er als vermeintlich bedrohlichen Mangelzustand und versucht, uns mit biochemischen Prozessen zum Essen »wie früher« anzuregen. Zudem drosselt er den Stoffwechsel und verteidigt Fettreserven noch stärker als bisher. Die Folge: Blutzuckerwerte und Gewicht sinken nicht mehr oder steigen sogar – egal, was Sie tun. Das Gute: Nach spätestens vier Wochen verschwindet dieser Effekt und die Werte fallen wieder, sofern Sie die artgerechte Ernährung weiter durchziehen. Allein, von diesem Kurvenknick zu wissen, hilft meist schon, ihn zu überstehen …

HOHE MOTIVATION

Mit den folgenden Tipps machen Sie sich Ihre Psyche zum Freund – und damit zum besten Helfer im Anti-Diabetes-Kampf. Malen Sie sich ganz konkret aus, wie Ihr Alltag aussehen würde, wenn Sie Ihren Diabetes mithilfe des vorgestellten Programms gebessert oder geheilt hätten. Formulieren Sie so, als wäre die Vision schon Realität. Etwa: »Ich bin 20 Kilo leichter. Ich brauche kein Insulin mehr. Und kann endlich mit meiner Enkelin in Urlaub fahren, ohne zu überlegen, was ich wann essen muss und ob ich alle Medikamente dabeihabe. Ich fühle mich herrlich unbeschwert und frei.« Visionen wie diese helfen, in schwierigen Momenten Impulse besser zu kontrollieren. Weil das langfristige Ziel dann verlockender ist als der sofortige Lustgewinn durch Essen. Zumindest manchmal – und das ist viel!

Die Macht des Mantras nutzen

Mantras sind knappe Sätze, die im Buddhismus zum Beispiel während der Meditation immer wieder rezitiert werden und sich so in uns festsetzen. Diese Praxis lässt sich nutzen, um persönliche Ziele im Unterbewusstsein zu verankern, uns damit auf »Erfolg« zu programmieren und so die Umsetzung der Ratschläge zu erleichtern. Formulieren Sie auch diese Sätze so, als sei ihr Inhalt bereits Realität. Beispiele könnten sein:

- »Ich wiege 68 Kilo.«
- »Ich habe ganz normale Zuckerwerte.«
- »Ich fühle mich gesund und leistungsfähig.«

Wiederholen Sie diese Mantras dann so oft wie möglich. Entweder laut – etwa während der Autofahrt ins Büro und im Bett vorm Einschlafen. Oder nur in Gedanken – etwa in der Schlange an der Kasse.

Wichtig: Vermeiden Sie Verbote wie »Ab heute esse ich kein Gramm Zucker mehr« oder »Toastbrot kommt mir nie wieder auf den Teller«. Sie sorgen Studien zufolge nur dafür, dass unsere Gedanken permanent um die Themen Essen und Figur kreisen. Das macht Appetit. Irgendwann geben wir dem Verlangen nach und essen das vermeintlich Verbotene. Gewöhnen Sie sich daher an, Vorhaben sanfter zu formulieren. Etwa so: »Ich esse so wenig Zucker wie möglich« oder: »Wenn ich es selbst in der Hand habe, esse ich möglichst oft Vollkornbrot«. Das lässt sich zum einen leichter umsetzen und gewährt zum anderen Verhaltensspielräume: Essen Sie auf einem Fest beispielsweise doch ein Stück Kuchen, bedeutet das nicht gleich ein Scheitern – und verhindert so, dass Sie drei weitere Stücke essen nach dem Motto »Jetzt ist eh alles egal«. Die flexible Ernährungskontrolle garantiert, dass wir von unserem Ideal abweichen dürfen und das Ziel trotzdem im Auge behalten.

ARTGERECHT ESSEN

Die folgenden Tipps, abgeleitet aus der artgerechten Ernährung, können Ihnen helfen, den Essensalltag auch weiterhin zu optimieren:

Das Tellerprinzip anwenden

Um die Insulin- und Blutzuckerwerte langfristig niedrig zu halten, ist es wichtig, sich zu den Mahlzeiten richtig satt zu essen. Außerdem benötigt der Körper einen idealen Nährstoff-Mix, der nicht sofort wieder Hunger aufkommen lässt. Das gelingt mit dem Tellerprinzip. Demzufolge sollten Sie Ihren Teller wie folgt füllen:

- 50 Prozent Gemüse,
- 30 Prozent Eiweißreiches (Hülsenfrüchte, Fisch, Eier, Milchprodukte, Tofu),
- 20 Prozent Fette und Kohlenhydrate (Öle, Kartoffeln, Vollkornnudeln, -reis und -brot).

Ein Kaloriendefizit beibehalten

Die meisten Diabetiker sind daran gewöhnt, häufig zu essen – und zwar große Portionen. Um nicht in diese Gewohnheiten zurückzufallen, sollten Sie die über den Tag aufgenommene Energie auch weiterhin im Blick behalten, wenn Sie mithilfe einer Ernährungsumstellung bereits ausreichend abgenommen haben. Kalorien sparen sollten Sie dabei vor allem an Fertigprodukten und Süßigkeiten. Bei gesunden, energiereichen Nahrungsmitteln wie Nüssen brauchen Sie auf die Kalorien nicht zu schauen. Diese sättigen so gut, dass Sie sich daran nicht überessen können. Außerdem enthalten sie wenig Kohlenhydrate – was die Bauchspeicheldrüse entlastet und Heißhunger verhindert. So können Sie leichter Ihr Energiedefizit aufrechterhalten.

Achtsam essen

Wenden Sie mindestens einmal am Tag die japanische Regel »Hara hachi bu« an: Diese besagt, so langsam und achtsam zu essen, dass man merkt, wenn erste Sättigungssignale einsetzen. Und dann aufzuhören, anstatt bis zum Völlegefühl weiterzufuttern. Die Regel eignet sich super fürs Essen bei Freunden oder für Restaurantbesuche, wo es häufig keine große Auswahl an artgerechten Gerichten gibt.

Hunger von Appetit trennen

Wir essen häufig, um negative Gefühle herunterzuregulieren. Diesen Appetit von echtem Hunger, also dem Bedürfnis nach sättigender Nahrung, unterscheiden zu können, ist Grundvoraussetzung für ein natürliches Sattempfinden – und dafür, langfristig artgerecht zu essen. Echter Hunger lässt sich unter anderem erkennen an Magenknurren, das länger als fünf Minuten dauert. Appetit, die einfache Lust aufs Essen, wird dagegen meist durch einen Trigger ausgelöst – den Gedanken an ein Stück Käse, den Duft aus einer Bäckerei oder ein negatives Gefühl wie Frust, das wir mit Schokolade loswerden wollen.

POSITIVE PSYCHOLOGIE: DIE SEELE ZUM HELFER MACHEN

Vertreter der Positiven Psychologie wissen: Fühlen sich Verhaltensänderungen gut an, halten wir sie langfristig durch. Wer über die artgerechte Ernährung seinen Diabetes heilen will, sollte daher immer wieder versuchen, über bewusstes Genusserleben zu positiven Gefühlen zu finden. Diese Strategien helfen:

- Teilen Sie positive Genussmomente, etwa die eines selbst gekochten Essens, mit anderen – beispielsweise, indem Sie Freunden davon erzählen.
- Fotografieren Sie genussreiche Erlebnisse geistig, um sie positiv abzuspeichern.
- Haben Sie artgerecht gegessen? Seien Sie stolz auf sich und beglückwünschen Sie sich bewusst selbst dazu!
- Konzentrieren Sie sich beim Essen auf genau das – das Essen. So lernen Sie, achtsamer zu genießen.
- Vergleichen Sie aktuelle schöne Erlebnisse, etwa eine wohlschmeckende, gesunde Mahlzeit, mit negativen Situationen und Gefühlen.
- Sie haben es gerade richtig schön, wie Sie da so Gemüse schnippeln und dazu Musik hören? Geben Sie sich bewusst in diesen Moment hinein und verweilen Sie darin, ohne Ablenkung.
- Wann immer Sie etwas genießen – bringen Sie es deutlich zum Ausdruck. Etwa, indem Sie lachen oder aber etwas sagen wie: »Ist das lecker!«

Darmgesund essen

Ein aus dem Gleichgewicht geratenes Mikrobiom ist ein Grund für einen gestörten Zuckerstoffwechsel – und auch für den Jo-Jo-Effekt, wie immer mehr Studien zeigen. Essen Sie daher möglichst darmfreundlich. Besonders hilfreich: Ballaststoffe, aber auch sekundäre Pflanzenstoffe, die vor allem in leuchtend farbigem Gemüse und Obst wie Tomaten und Beeren stecken. Präbiotika finden sich in Gemüse wie Chicorée, Artischocken oder Pastinaken. Zudem sollten Sie oft Fermentiertes bzw. milchsauer vergorene Nahrungsmittel essen – wie Sauerkraut, Joghurt, Buttermilch, Kefir oder Tempeh. Sie liefern Stoffe, die günstige Darmbakterien als Futter benötigen – sowie Milchsäurebakterien, die unser Mikrobiom ebenfalls positiv beeinflussen.

SICH GEGEN TYPISCHE WIDERSTÄNDE WAPPNEN

Mit den folgenden Tipps überstehen Sie herausfordernde Situationen, denen die meisten Diabetiker während einer Ernährungsumstellung zuverlässig begegnen. Überlegen Sie, ob Sie den einen oder anderen Tipp gleich mit in das Journal schreiben.

Regelmäßig vorkochen

In der Alltagshektik fehlt oft die Zeit, sich eine gesunde Mahlzeit zuzubereiten, sodass wir allen Vorsätzen zum Trotz doch wieder zur TK-Pizza greifen. Um das zu vermeiden, kochen Sie am besten stets die doppelte Menge und frieren Sie eine Hälfte ein. Bei den meisten Gerichten funktioniert das ganz einfach. Und: Blocken Sie ab und zu ein paar Stunden im Kalender, etwa einen Samstagvormittag im Monat, um sich an den Herd zu stellen. Kochen Sie dann mehrere Gerichte auf einmal, um Ihren Vorrat aufzustocken. So können Sie bequem etwas Leckeres aus dem Tiefkühlfach ziehen, wenn Sie erschöpft nach Hause kommen.

Unterstützung einfordern

Menschen helfen gern, denn Kooperation ist als Überlebensstrategie evolutionär in uns angelegt. Nutzen Sie dies, indem Sie sich andere Diabetiker suchen, die auch gerade ihre Ernährung umstellen. Unterstützen Sie sich gegenseitig als Tandempartner, etwa mit Rezepten und Motivationstipps. Bitten Sie auch Partner und Familienmitglieder um Hilfe. Etwa darum, gemeinsam mit Ihnen zu kochen oder keine Chips zu mümmeln, wenn Sie versuchen, weniger zu naschen. Studien zeigen: Wer sich ein Unterstützer-Netzwerk aufbaut, ist langfristig erfolgreich.

NOCH MEHR SPORT!

Während einer Gewichtsabnahme ist die Ernährung wichtiger als die Bewegung – weil sich darüber leichter ein Energiedefizit herbeiführen lässt. Doch auf der Langstrecke gewinnt Sport an Bedeutung. Denn: Nehmen wir ab, sinkt die Energie, die wir im Ruhezustand verbrauchen (Grundumsatz). Diesen Effekt kann intensiviertes Training ausgleichen, da zusätzliche Muskeln den Grundumsatz erhöhen und damit den Blutzuckerspiegel über Tag stabilisieren. Wie viel Sport es braucht, um Gewicht und Zuckerwerte auf Normalniveau zu halten, ist individuell verschieden. Doch es gibt wissenschaftlich bestätigte Anhaltspunkte. Gut wären: pro Tag 90 Minuten mäßig anstrengende Bewegung (Spazieren, gemütliches Radfahren) oder aber 45 Minuten anstrengende Bewegung (Joggen, Schwimmen, schnelles Radfahren). Dazu pro Woche drei mindestens 30-minütige Einheiten Krafttraining (Geräte, Functional Training, CrossFit).

Feste und Feiern meistern

»Ach komm, dieses eine Stück Kuchen/Brot/Currywurst macht doch nichts!« Solche Sätze erschweren das Durchhalten extrem. Reagieren Sie darauf, indem Sie offen von Ihrem Vorhaben berichten, den Diabetes über eine veränderte Ernährung loszuwerden. Die meisten werden Sie dann eher unterstützen wollen als weiter zu ungünstigem Essen verleiten. Wenn Sie aber aus eigenem Antrieb etwas vom nicht artgerechten Büfett probieren wollen – kein Problem, schließlich sind Verbote verboten! Gleichen Sie den Luxus einfach aus. Etwa, indem Sie vor dem Schlemmeranlass einen Hafertag einlegen (s. S. 41) oder nach dem Fest eine zusätzliche Einheit Sport. Extra-Tipps: Gegen akute Lust auf Kuchen, Süßigkeiten und Co. wirken Bittertropfen aus der Apotheke – einfach ein bis zwei Tropfen über den Handrücken einnehmen. Kalorienarme Getränke oder Snacks wie Rohkost und Salat füllen abends den Magen schon vor, sodass man schneller satt ist.

Alternative Belohnungen suchen

Essen ist die ideale Belohnung, schließlich verschafft es uns zuverlässig ein gutes Gefühl. Diese enge Verknüpfung muss jeder lösen, der sich gesünder ernähren will. Überlegen Sie sich daher alternative Belohnungsstrategien, idealerweise solche, die mit Bewegung zu tun haben. Ein Blick in die Kindheit hilft meist: Für mich war ein Besuch im Freibad das Tollste. So fühlt sich Schwimmen bis heute an wie ein Geschenk! Bei anderen ist es Schlittschuhlaufen, eine lange Radtour oder das Gefühl, den Gegner im Judo auf die Matte zu legen. Versuchen Sie, diese Bewegungsarten zu ritualisieren, etwa über einen festen Sportkurs. Bewegung sorgt für regelmäßige Dopaminausstöße, die Sie das Essen als Belohnung vergessen lassen. Zudem verringert sie Hunger und stabilisiert den Blutzucker. Auch bewegungsärmere Alternativen helfen – Hauptsache, sie machen Spaß! Gewöhnen Sie sich an, sich damit etwas Gutes zu tun. Je öfter Sie das schaffen, desto mehr verliert Hochkalorisches als Belohnung an Bedeutung.

Eine kurze Auszeit in der Natur ist gleich in mehrfacher Hinsicht eine gute Belohnungsalternative zu ungesundem Naschen und Süßem.

Die Umgebung verändern

Eines der Hauptprobleme während einer Ernährungsumstellung ist für Diabetiker die ständige Verfügbarkeit von Nahrung, insbesondere von hochkalorischen Lebensmitteln. All das reizt unser Gehirn, immer wieder »Zugreifen!« zu funken. Schließlich war Süßes und Fettiges jahrhunderttausendelang eine Seltenheit und damit ein Überlebensgarant. Verbannen Sie Leckereien wie Schokolade und Kekse daher einfach aus Ihrer Wohnung und kaufen Sie stattdessen nur Nüsse – die sollten immer im Haus sein. Dann essen Sie nichts einfach nur, weil Sie gerade daran vorbeilaufen – haben aber, wenn Sie wirklich hungrig sind, mehr Gesundes zur Verfügung, das Ihnen guttut. Tipp: Bauen Sie Essbarrieren auf! Wenn Schokolade, dann am besten nur aus dem Kühlschrank und gelutscht statt gekaut – so können Sie diese viel langsamer genießen. Verwenden Sie außerdem nur ungeknackte Nüsse und Obst, das noch geschält werden muss. Das senkt die Wahrscheinlichkeit, sich an Gesundem zu überessen, was durchaus auch möglich sein kann.

PROFI-HACKS SOUVERÄN ANWENDEN

Abschließend möchte ich Ihnen ein paar Studienergebnisse präsentieren – als weitere Anregungen für winzige Schritte, die Sie die Langstrecke leichter bewältigen lassen.

Täglich auf die Waage stellen

Mehrere Studien haben gezeigt: Wer sich jeden Tag auf die Waage stellt, hält ein neues Gewicht leichter. Die Erklärung: Die regelmäßige Kontrolle dokumentiert schwarz auf weiß, welche Folgen schon wenige exzessive Schlemmertage haben – etwa über Weihnachten. Entsprechend kann diese Taktik Diabetiker unterstützen, die artgerechte Ernährung konsequent durchzuhalten und den verbesserten oder sogar normalisierten Blutzuckerwert langfristig zu bewahren. Grundsätzlich gilt: Keine Panik, wenn die Kurve mal nach oben zeigt! Dies kann an Wassereinlagerungen liegen – oder an kleinen Rückschlägen, die zum Leben gehören. Eine sachliche Analyse hilft, am nächsten Tag wieder erfolgreich weiterzumachen.

Direkt nach dem Sport essen

Während wir trainieren, schüttet der Körper weniger vom Hungerhormon Ghrelin aus. Daher sollten Sie die Sporteinheiten so legen, dass direkt danach eine Mahlzeit ansteht. Sie werden dann zwar Hunger haben, aber vergleichsweise wenig – und sich sehr viel schneller satt fühlen, also weniger essen.

Die Kraft der Kälte nutzen

Wenn wir frieren, wird das sogenannte beige Fettgewebe aktiviert: Dieses wirkt wie eine Art körpereigene Heizung, da es, anders als das schädliche weiße Fettgewebe, Energie eher verbrennt als einlagert und so den Energieverbrauch erhöht. Darüber hinaus hilft beiges Fett, den Blutzucker zu regulieren. Kalte Duschen sind ideal, um diesen natürlichen Stoffwechselturbo anzuschalten, Temperaturen unter 19 Grad im Wohn- und Schlafzimmer eignen sich ebenso. Tipp: Auch über Capsaicinoide, die gesunden Scharfstoffe in der Chili, lässt sich beiges Fett aktivieren.

Klug einkaufen

Reaktivieren Sie das Prinzip des Wocheneinkaufs! Und: Sparen Sie beim Gang durch den Supermarkt die Regale mit Snacks und Süßem bewusst aus. Wer auf dem Wochenmarkt einkauft, umgeht diese Verlockung. All das verringert die Häufigkeit, mit der Sie sich den Versuchungen des Überflusses aussetzen. Auf diese Weise shoppen Sie unter Garantie weniger Ungesundes – und was gar nicht erst im Haus ist, das können Sie auch nicht essen. Extra-Tipp: Gehen Sie zwischen 13 und 16 Uhr einkaufen. Zu dieser Zeit, so die Forschung, können wir Verlockungen besonders gut widerstehen.

GESUNDER VORRAT: DAS SOLLTEN SIE STETS IM HAUS HABEN

Speisekammer

- Raps-, Oliven-, Walnussöl
- Aceto balsamico
- Oliven
- Kidneybohnen, weiße Bohnen, Kichererbsen (aus Dose oder Glas)
- getrocknete rote Linsen oder andere getrocknete Hülsenfrüchte
- getrocknete Tomaten
- stückige oder passierte Tomaten (aus dem Glas)
- Buchweizen, Hirse, Quinoa
- Hülsenfrüchte- und Vollkornpasta
- Eiweiß- oder Vollkornbrot (bei Letzterem: Vollkornschrot oder -mehl an erster Stelle bei den Zutaten, mindestens 8 g Ballaststoffe pro 100 g)
- diverse Nusssorten, naturbelassen

Kühlschrank

- Milch (1,5 % Fett), Buttermilch, Naturjoghurt, Quark (bis 20 % Fett), Skyr
- Kräuterquark, körniger Frischkäse, Frischkäse (bis 16 % Fett)
- Harzer Käse, Parmesan, Feta und Mozzarella (jeweils bis 45 % Fett i. Tr.)
- saure Sahne (10 % Fett), Kochsahne (pflanzlich, bis 15 % Fett), Butter
- pflanzliche Milchersatzprodukte
- frisches, fruchtzuckerarmes Obst (Beeren, Äpfel, Papaya, Pfirsich, Orange)
- Gemüse (Tomaten, Gurke, Radieschen, Möhren, Paprika, Pilze, Brokkoli)
- magerer Geflügelaufschnitt
- mageres Fleisch
- Eier, kalt gepresstes Leinöl

Tiefkühlfach

- TK-Gemüse (z. B. Brokkoli, Blumenkohl, Spinat, Zuckerschoten, Erbsen; TK-Mischungen ohne Zusätze wie Sahne oder Gewürze)
- TK-Fischfilets, naturbelassen
- TK-Kräuter, auch Mischungen
- TK-Beerenobst (z. B. Heidelbeeren, Himbeeren, Erdbeeren)

Snacks in Aktivitäten umrechnen

Vielen fällt es schwer, sich das Snacken abzugewöhnen. Wissenschaftler konnten zeigen: Rechnen wir um, wie viel Bewegung nötig wäre, um den Energiegehalt von Snacks zu verbrennen, essen wir weniger. Einige Beispiele: Für 200 g Chips müssten Sie 120 Minuten schnell radeln. Für einen Krapfen 15 Minuten seilspringen. Und für einen halben Liter Cola 35 Minuten Boden schrubben.

UND NUN? DIE PRAXIS!

Jetzt wissen Sie, wie Sie die bahnbrechenden Erkenntnisse der Diabetesforschung im Alltag umsetzen sollten. Und haben hoffentlich Lust, sich direkt an den Herd zu stellen. Denn, wie gesehen: Die Heilung Ihrer Krankheit beginnt in der Küche. Im Folgenden habe ich Ihnen mit meinem medicum-Team über 80 leckere Rezepte zusammengestellt – für den idealen Start in ein diabetesfreies Leben …

GESUNDE UND HEILSAME REZEPTE BEI DIABETES

Eine Vielzahl neuer Studien hat bewiesen, wie hilfreich gesunde Ernährung bei Diabetes sein kann. Hier finden Sie über 80 leckere Rezepte, die das Ernährungs-Team des medicums Hamburg für Sie zusammengestellt hat. Sie sind alle leicht zuzubereiten und helfen, dauerhaft den Blutzucker in den Griff zu bekommen.

OVERNIGHT OATS MIT PAPAYA UND HIMBEEREN

vegetarisch, glutenfrei

Für 2 Personen
10 Min. Zubereitung
12 Std. Quellen (über Nacht)
Nährwert pro Portion:
ca. 265 kcal | 20 g EW | 9 g F | 22 g KH

150 g Skyr (0,2 % Fett)
200 ml Milch (1,5 % Fett)
1 TL Erythrit (s. Tipp)
6 EL glutenfreie zarte Haferflocken
4 EL Leinsamen
½ TL Zimtpulver
½ kleine Papaya (ca. 120 g)
120 g Himbeeren (frisch oder TK)

1. Am Vorabend den Skyr mit der Milch in einer Rührschüssel mit einem Schneebesen glatt verrühren. Das Erythrit dazugeben und ca. 1 Min. unterrühren, bis sich die Kristalle vollständig aufgelöst haben. Haferflocken, Leinsamen und Zimt zur Skyrmischung hinzufügen und unterrühren. Die Overnight Oats zugedeckt im Kühlschrank ca. 12 Std., am besten über Nacht, quellen lassen.

2. Am nächsten Tag die Papaya putzen und die Kerne entfernen. Das Fruchtfleisch mit einem Löffel aus der Schale lösen und in kleine Würfel schneiden. Die Himbeeren verlesen, waschen und trocken tupfen.

3. Zum Servieren die Overnight Oats nochmals kurz durchrühren und auf Schalen verteilen. Mit den Papayastücken und den Himbeeren belegen.

TIPP: Erythrit zählt zu den sogenannten Zuckeraustauschstoffen und besitzt die E-Nummer 968. Erythrit süßt halb so stark wie Zucker und liefert lediglich 20 kcal pro 100 g. Von Natur aus kommt es auch in bestimmten Obstsorten (z. B. Trauben oder Birnen) sowie in Käse vor, industriell wird der Zuckeralkohol aus Mais gewonnen.

PROTEIN-MÜSLI MIT KAKAO-NIBS

vegan, laktosefrei, glutenfrei

Für 6 Personen
5 Min. Zubereitung
20 Min. Backen
Nährwert pro Portion:
ca. 455 kcal | 17 g EW | 29 g F | 30 g KH

75 g glutenfreie grobe Haferflocken
75 g Quinoaflocken
75 g Sojaflocken (s. Tipp)
50 g gepuffter Amarant
75 g Kürbiskerne
100 g Mandelblättchen
3 EL Kakaopulver (ungesüßt)
2 EL Ahornsirup
2 EL Rapsöl
1 Prise Salz
50 g Kakao-Nibs (roh)

1. Den Backofen auf 160° vorheizen. Ein Backblech mit Backpapier belegen. Alle Zutaten – bis auf die Kakao-Nibs – in eine große Rührschüssel geben und gründlich mischen, danach auf dem Blech gleichmäßig verteilen. Das Müsli im Ofen (Mitte) ca. 20 Min. backen, dabei nach ca. 10 Min. einmal wenden.

2. Danach das Müsli aus dem Ofen nehmen und vollständig abkühlen lassen, anschließend die Kakao-Nibs untermischen. Dazu passt eine ungesüßte Pflanzenmilch. In einem Glas luftdicht aufbewahrt hält sich das Protein-Müsli ca. 1 Monat.

TIPP: Sojaflocken liefern uns schon mit dem Frühstück reichlich Pflanzenprotein: Sie enthalten ca. 40 kcal Eiweiß pro 100 g. Mit diesem Müsli starten Sie gut in den Tag, bleiben lange satt und sorgen für einen ausgeglichenen Blutzuckerspiegel.

HIRSE-KOKOS-BREI MIT ORANGE

vegetarisch, glutenfrei

Für 2 Personen
25 Min. Zubereitung
Nährwert pro Portion:
ca. 420 kcal | 25 g EW | 11 g F | 55 g KH

80 g Hirse
200 ml Kokosmilch (aus der Dose)
1 Msp. gemahlene Vanille
1 TL Zimtpulver
2 TL Ahornsirup
½ Granatapfel
1 Orange
30 g Mandelstifte
300 g Skyr (0,2 % Fett; ersatzweise auf Sojabasis, dann ist das Rezept sogar vegan und laktosefrei)

1. Die Hirse in einem Sieb abbrausen und abtropfen lassen. Mit Kokosmilch, Vanille, Zimt und Ahornsirup in einen Topf geben und zugedeckt bei kleiner Hitze ca. 20 Min. köcheln lassen, dabei ab und zu umrühren.

2. Währenddessen den Granatapfel in einer Schüssel mit Wasser in Stücke brechen und die Kerne am besten unter Wasser herauslösen. Die Orange schälen, in die einzelnen Segmente teilen und diese jeweils vierteln. Die Mandelstifte in einer beschichteten Pfanne ohne Fett bei kleiner Hitze ca. 5 Min. leicht rösten. Herausnehmen und abkühlen lassen.

3. Zum Servieren den Hirsebrei auf Schalen verteilen. Das Obst und den Skyr nebeneinander daraufsetzen und alles mit den Mandeln garnieren.

HAFER-DINKEL-BROT MIT MANDELN

vegetarisch, laktosefrei

Für 1 Laib (18 Scheiben)
30 Min. Zubereitung
45 Min. Gehen
40 Min. Backen
15 Min. Ruhen
Nährwert pro Scheibe:
ca. 130 kcal | 5 g EW | 6 g F | 14 g KH

200 g zarte Haferflocken
200 g Vollkorn-Dinkelmehl
100 g gemahlene Mandeln
1 Pck. Trockenhefe
Salz
250 ml lauwarmes Wasser
2 EL geröstetes Sesamöl
2 EL heller Sesam

1. Im Mixer 100 g Haferflocken zu feinem Mehl mahlen. Mit übrigen Haferflocken, Dinkelmehl, Mandeln, Hefe und 1 Prise Salz in einer Rührschüssel gründlich mischen. Das lauwarme Wasser und das Öl dazugeben und alles mit den Knethaken des Handrührgeräts ca. 5 Min. zu einem festen Teig kneten. Falls nötig, noch bis zu 50 ml lauwarmes Wasser untermischen. Den Teig mit einem Geschirrtuch bedeckt an einem warmen Ort ca. 45 Min. gehen lassen.

2. Inzwischen den Backofen auf 200° vorheizen. Ein Backblech mit Backpapier belegen. Teig nochmals kurz durchkneten und auf dem Blech zu einem runden Brotlaib formen. Das Brot mit dem Sesam bestreuen und im Ofen (Mitte) ca. 40 Min. backen.

3. Anschließend den Backofen ausschalten und das Brot darin noch ca. 15 Min. ruhen lassen. Danach herausnehmen und auf einem Kuchengitter vollständig abkühlen lassen.

BUTTERMILCHBROT MIT MAGERQUARK

vegetarisch

Für 1 Laib (25 Scheiben)
25 Min. Zubereitung
1 Std. Gehen
45 Min. Backen
Nährwert pro Scheibe:
ca. 95 kcal | 6 g EW | 1 g F | 13 g KH

200 g Haferkleie (aus dem Reformhaus)
280 g Dinkelmehl (Type 1 050)
100 g Mandelmehl (teilentölt)
42 g frische Hefe (1 Würfel)
1 TL Agavendicksaft
350 ml reine Buttermilch
125 g Magerquark
1 TL Salz

1. Haferkleie, 200 g Dinkelmehl und Mandelmehl in einer Rührschüssel mischen. In die Mitte eine Mulde drücken und die Hefe hineinbröckeln. Agavendicksaft und etwas lauwarme Buttermilch hinzufügen und mit der Hefe gut verrühren. Alles verkneten, dabei nach und nach noch bis zu 80 g Dinkelmehl dazugeben, sodass der Teig nicht mehr an den Fingern haftet. Zugedeckt an einem warmen Ort ca. 15 Min. gehen lassen.

2. Anschließend übrige Buttermilch, Quark und Salz hinzufügen und alles mit den Händen glatt verkneten. Teig nochmals zugedeckt ca. 45 Min. gehen lassen. Inzwischen den Backofen auf 220° vorheizen. Ein Backblech mit Backpapier belegen.

3. Den Teig nochmals durchkneten und auf dem Blech zu einem runden Brotlaib formen. Mit etwas Wasser bestreichen und im Ofen (Mitte) 30–45 Min. backen. Herausnehmen und auf einem Kuchengitter vollständig abkühlen lassen.

HAFERKLEIEBRÖTCHEN MIT KRÄUTERQUARK

vegetarisch

Für 2 Personen
45 Min. Zubereitung
1 Std. 10 Min. Gehen
30 Min. Backen
Nährwert pro Portion (1 Brötchen mit Quark):
ca. 405 kcal | 31 g EW | 6 g F | 51 g KH

42 g frische Hefe (1 Würfel)
1 TL Agavendicksaft
250 ml lauwarme Milch (1,5 % Fett)
300 g Dinkelmehl (Type 1 050)
125 g Haferkleie (aus dem Reformhaus)
125 g Mandelmehl (teilentölt)
1 EL getr. Schnittlauch
1 EL getr. Petersilie
Salz
Pfeffer
1 EL Leinsamen zum Bestreuen (nach Belieben)
1 Bund Kräuter (z. B. Petersilie, Dill oder Schnittlauch)
100 g Magerquark
1 EL Mineralwasser (mit Kohlensäure; nach Belieben)

1. Für die Brötchen die Hefe in einer kleinen Schüssel mit Agavendicksaft, ca. 50 ml lauwarmer Milch und ca. 2 EL Dinkelmehl verrühren. An einem warmen Ort mit einem sauberen Geschirrtuch zugedeckt 5–10 Min. gehen lassen.

2. Inzwischen Haferkleie, 220 g Dinkelmehl, Mandelmehl, Kräuter, 1 TL Salz und 1 Msp. Pfeffer in einer Rührschüssel mischen. Hefeansatz und restliche lauwarme Milch dazugeben und alles mit den Knethaken des Handrührgeräts geschmeidig verarbeiten. Dabei nach und nach noch so viel Dinkelmehl untermischen, dass der Teig nicht mehr an den Fingern haftet. Zugedeckt bis zur doppelten Größe ca. 45 Min. gehen lassen.

3. Ein Backblech mit Backpapier belegen. Den Teig nochmals durchkneten, in zwölf Portionen teilen und jede Teigportion zu einem Brötchen formen. Nebeneinander auf das Blech setzen und zugedeckt nochmals 10–15 Min. gehen lassen. Den Backofen auf 200° (180° Umluft) vorheizen. Die Brötchen nach Belieben mit Wasser bestreichen und mit Leinsamen bestreuen, dann im Ofen (Mitte) ca. 30 Min. backen. Herausnehmen und auf einem Kuchengitter abkühlen lassen.

4. Währenddessen die Kräuter waschen, trocken tupfen und fein hacken. Mit Magerquark und Mineralwasser nach Belieben verrühren und mit 1 Prise Salz und Pfeffer abschmecken. Zum Servieren zwie Haferkleiebrötchen halbieren (übrige zehn Brötchen einfrieren) und mit Kräuterquark bestreichen. Wer will, kann die Brötchen noch mit Gemüsescheiben, z. B. Salatgurke oder Tomate, belegen.

CASHEWAUFSTRICH MIT PAPRIKA

vegan, laktosefrei, glutenfrei

Für 10 Personen
10 Min. Zubereitung
15 Min. Garen
Nährwert pro Portion:
ca. 75 kcal | 2 g EW | 5 g F | 4 g KH

2 rote Paprika
2 EL Olivenöl
75 g Cashewkerne
1 TL edelsüßes Paprikapulver
½ TL geräuchertes Paprikapulver
½ TL Chilipulver
Salz
Pfeffer

1. Den Backofen auf 180° vorheizen. Die Paprika waschen, halbieren, weiße Trennwände und Kerne entfernen. Alle vier Hälften vierteln und in einer Schüssel mit dem Öl mischen, danach auf einem Backblech gleichmäßig nebeneinander verteilen. Die Paprika im Ofen (Mitte) ca. 15 Min. garen, dabei nach ca. 10 Min. die Cashewkerne zu den Paprika mit auf das Blech geben und rösten.

2. Anschließend das Blech aus dem Ofen nehmen und Paprika und Cashewkerne abkühlen lassen. Dann alles in den Standmixer geben und mit den Gewürzen fein pürieren. Der Aufstrich hält sich im Kühlschrank in einem sauberen Glas luftdicht verschlossen 5–7 Tage.

THUNFISCHAUFSTRICH MIT PETERSILIE

glutenfrei

Für 2 Personen
15 Min. Zubereitung

Nährwert pro Portion:
ca. 185 kcal | 20 g EW | 9 g F | 4 g KH

2 EL Sonnenblumenkerne
80 g Salatgurke
3 Stängel Petersilie
70 g Thunfisch (im eigenen Saft)
150 g körniger Frischkäse (Hüttenkäse)
1 TL Zitronensaft
Salz
Pfeffer

1. Die Sonnenblumenkerne in einer beschichteten Pfanne ohne Fett bei kleiner Hitze ca. 5 Min. leicht rösten. Herausnehmen und abkühlen lassen. Inzwischen die Gurke putzen, waschen und sehr klein würfeln. Die Petersilie waschen, trocken tupfen, Blätter abzupfen und fein hacken.

2. Den Thunfisch abtropfen lassen und mit einer Gabel zerpflücken. Mit Frischkäse, Sonnenblumenkernen, Gurke und Zitronensaft in einer kleinen Schüssel gründlich verrühren. Mit Salz und Pfeffer würzen.

3. Zum Servieren den Aufstrich mit Petersilie bestreuen, mit den Brotscheiben anrichten. Der Aufstrich hält sich im Kühlschrank in einem sauberen Glas luftdicht verschlossen 2 Tage.

HERZHAFTE KÜRBIS-PANCAKES MIT SCHINKEN

Für 2 Personen
35 Min. Zubereitung
Nährwert pro Portion:
ca. 475 kcal | 23 g EW | 29 g F | 31 g KH

130 g Hokkaido-Kürbis
50 ml Gemüsebrühe
1 Stange Lauch (ca. 170 g)
4 Kirschtomaten
2 Eier (M)
60 ml Milch (3,5 % Fett)
50 g Vollkorn-Dinkelmehl
Salz
Pfeffer
1 TL gemahlene Kurkuma
3 EL Rapsöl
50 g fettarme Schinkenwürfel
2 EL Frischkäse (17 % Fett absolut)
2 TL Parmesanspäne

1. Den Hokkaido-Kürbis waschen, ggf. halbieren und die Kerne mit einem Löffel entfernen. Das Fruchtfleisch in ca. 1 cm große Würfel schneiden und in einem kleinen Topf in der Brühe zugedeckt bei kleiner Hitze in ca. 12 Min. weich garen. Dann alles mit dem Kartoffelstampfer oder Pürierstab fein zerdrücken und abkühlen lassen.

2. Inzwischen den Lauch putzen, waschen und in dünne Ringe schneiden. Die Kirschtomaten waschen und vierteln.

3. Die Eier trennen. Die Eiweiße mit den Rührbesen des Handrührgeräts steif schlagen. Die Eigelbe mit Milch, Mehl, Salz, Pfeffer und Kurkuma in einer Rührschüssel gründlich verquirlen. Das Kürbismus zum Teig geben und gut unterrühren. Dann den Eischnee mit einem Teigschaber vorsichtig unterheben.

4. In einer Pfanne den Lauch in 1 EL Öl kurz anbraten und bei mittlerer Hitze ca. 8 Min. dünsten, mit wenig Salz und Pfeffer würzen. Tomaten, Schinken und Frischkäse unterheben.

5. Die Pancakes in zwei Portionen backen, dazu in einer Pfanne jeweils 1 EL Öl erhitzen. Pro Pancake ca. 3 EL Teig in die Pfanne geben und auf beiden Seiten in 1–2 Min. goldbraun backen. Herausnehmen und auf Küchenpapier abtropfen lassen, warm halten. Zum Servieren jeweils drei bis vier Pancakes auf Teller verteilen und das Lauch-Tomaten-Gemüse dazusetzen. Zuletzt mit den Parmesanspänen bestreuen.

DINKELWAFFELN MIT MANDELN UND HAFERDRINK

vegetarisch, laktosefrei

Für 8 Stück
40 Min. Zubereitung
Nährwert pro Stück:
ca. 215 kcal | 8 g EW | 11 g F | 22 g KH

190 ml ungesüßter Haferdrink (am besten mit Kalzium angereichert)
60 ml Mineralwasser (mit Kohlensäure)
130 g Erythrit
2 Eier (M)
225 g Dinkelmehl (Type 1 050)
1 TL Backpulver
100 g gemahlene Mandeln
Rapsöl für das Waffeleisen

1. Haferdrink und Mineralwasser in einer Rührschüssel mit dem Erythrit mit einem Schneebesen verrühren. Die Eier einzeln dazugeben und gründlich unterschlagen. Dinkelmehl, Backpulver und gemahlene Mandeln nur kurz unterrühren.

2. Das Waffeleisen mit dem Öl auf jeder Seite einfetten und erhitzen. Jeweils 4–5 EL Teig (bei einem Herzwaffeleisen, bei anderen Geräten entsprechend anpassen!) hineingeben und bei mittlerer Hitze in ca. 5 Min. goldbraun backen. Dabei das Waffeleisen nicht öffnen. Die Waffel herausnehmen und auf einen Teller legen.

3. Aus dem übrigen Teig noch sieben Waffeln backen, dabei, falls nötig, das Waffeleisen nochmals einfetten. Dazu passt als Topping pro Person noch 1 Handvoll Him- oder Blaubeeren oder Erdbeeren in Stücken sowie 1 EL (20 g) Mandelmus.

ERBSENPFANNKUCHEN MIT JOGHURTDIP

vegetarisch

Für 2 Personen
30 Min. Zubereitung
Nährwert pro Portion:
ca. 395 kcal | 19 g EW | 14 g F | 43 g KH

150 g TK-Erbsen
30 g Kokosmehl (entölt, alternativ Mandelmehl)
80 g Vollkorn-Dinkelmehl
2 TL Backpulver
1 TL getr. Thymian
Salz
Pfeffer
120 ml ungesüßter Sojadrink
2 TL natives Kokosöl
250 g Joghurt (3,5 % Fett)
Kräutersalz

1. Die Erbsen in ein Sieb geben, mit kochend heißem Wasser übergießen und abtropfen lassen. Kokos- und Dinkelmehl in einer Rührschüssel mit Backpulver, Thymian, etwas Salz und Pfeffer mischen. Sojadrink und Erbsen hinzufügen und alles gründlich mischen.

2. In einer beschichteten Pfanne jeweils ½ TL Öl bei mittlerer Hitze erhitzen und ein Viertel des Teiges darin verteilen. Den Pfannkuchen auf jeder Seite 3–4 Min. backen, bis er leicht gebräunt ist. Herausnehmen und warm halten. Aus dem übrigen Teig noch drei weitere Pfannkuchen backen. Den Joghurt mit Kräutersalz und Pfeffer würzen. Die Pfannkuchen am besten noch warm mit dem Joghurt servieren.

TIPP: Es ist durchaus kein Widerspruch, pflanzliche Milchersatzprodukte und Kuhmilchprodukte zu mischen. Erstere sind nachhaltiger, bei Joghurt überwiegt jedoch der Gesundheitsaspekt, weil er viele wertvolle Milchsäurebakterien liefert.

BAKED OATMEAL MIT HIMBEEREN UND SKYR

vegetarisch

Für 2 Personen
15 Min. Zubereitung
15 Min. Backen
Nährwert pro Portion:
ca. 630 kcal | 31 g EW | 38 g F | 38 g KH

200 g Himbeeren
30 g Macadamianusskerne
50 g zarte Haferflocken
40 g Sojaflocken
2 EL Kokosraspel
1 TL Zimtpulver
½ Banane
2 EL natives Kokosöl
175 ml Milch (3,5 % Fett)
250 g Skyr (0,2 % Fett)

1. Den Backofen auf 160° vorheizen. Die Beeren verlesen, waschen und trocken tupfen. Die Macadamianüsse hacken, mit Haferflocken, Sojaflocken, Kokosraspeln, Zimt und Beeren in einer kleinen Auflaufform (ca. 18 × 27 cm) locker mischen.

2. Die Banane schälen und mit dem Kokosöl mit einer Gabel fein zerdrücken. Das Püree in die Auflaufform geben und mit dem Flocken-Nuss-Mix mischen. Zuletzt die Milch gleichmäßig über die Mischung gießen.

3. Das Müsli im Ofen (Mitte) ca. 15 Min. backen. Herausnehmen und kurz abkühlen lassen. Das Baked Oatmeal noch warm mit dem Skyr servieren.

PROTEINREICHER ERDMANDELSHAKE

vegan, laktosefrei, glutenfrei

Für 2 Personen
5 Min. Zubereitung
Nährwert pro Portion:
ca. 230 kcal | 23 g EW | 6 g F | 17 g KH

250 g Himbeeren
½ Banane
60 g gemahlene Erdmandeln (s. Tipp)
2 EL Erbsenprotein (aus dem Bioladen oder Reformhaus)
500 ml ungesüßter Sojadrink
3 EL Quinoaflocken
1 Msp. gemahlene Vanille

1. Die Himbeeren verlesen, waschen und trocken tupfen. Die Banane schälen und in grobe Stücke schneiden.

2. Himbeeren und Banane mit den übrigen Zutaten in den Standmixer geben und darin gründlich pürieren. Zum Servieren auf Gläser verteilen.

TIPP: Erdmandeln zählen nicht zu den Nüssen, sondern sind die unterirdischen Ausläufer der Pflanzenwurzeln. Sie punkten mit reichlich Ballaststoffen und Pflanzenprotein. In Kombi mit dem Erbsenprotein verleihen sie dem Shake einen hohen Eiweißgehalt – ideal für ein schnelles Frühstück, das lange satt hält und den Blutzucker nicht nach oben schnellen lässt.

GRÜNER SMOOTHIE MIT HAFERDRINK

vegan, laktosefrei

Für 2 Personen
10 Min. Zubereitung
Nährwert pro Portion:
ca. 75 kcal | 2 g EW | 2 g F | 12 g KH

80 g Staudensellerie
40 g Salatgurke
40 g Blattspinat
30 g Apfel
1 Stück Ingwer (1 cm lang)
300 ml ungesüßter Haferdrink

1. Den Sellerie putzen, waschen und grob schneiden. Die Gurke putzen, schälen und grob schneiden. Den Spinat verlesen, waschen und abtropfen lassen. Den Apfel waschen und entkernen. Den Ingwer schälen und fein hacken.

2. Sellerie, Gurke, Spinat, Apfel und Ingwer mit dem Haferdrink in den Standmixer geben und darin gründlich pürieren. Zum Servieren den Smoothie auf Gläser verteilen.

TIPP: Der grüne Smoothie steckt voller Vitamine, Ballaststoffe sowie sekundärer Pflanzenstoffe. Letztere stabilisieren den Blutzuckerspiegel und stärken uns gegen freie Radikale.

FRUCHTIGER SHAKE MIT BEEREN

vegan, laktosefrei

Für 2 Personen
10 Min. Zubereitung
Nährwert pro Portion:
ca. 95 kcal | 2 g EW | 2 g F | 18 g KH

200 g gemischte Beeren (frisch oder TK)
6–8 Blätter frische Minze
250 ml ungesüßter Haferdrink (ersatzweise Milch, 1,5 % Fett; dann ist das Rezept jedoch nicht mehr vegan und laktosefrei)

1. Die Beeren verlesen, waschen und trocken tupfen (TK-Ware rechtzeitig auftauen lassen). Die Minze waschen und trocken tupfen, 2 Blätter zum Garnieren beiseitelegen.

2. Die Beerenmischung mit der restlichen Minze und dem Haferdrink im Standmixer fein pürieren. Zum Servieren den Shake in hohe Gläser füllen und mit je 1 beiseitegelegten Minzblatt garnieren.

TIPP: Beeren enthalten reichlich Anthocyane, das sind Farbstoffe aus der Gruppe der sekundären Pflanzenstoffe. Neue Studien zeigen, dass sie die Insulinresistenz verringern können und Zellen so wieder wie früher auf Insulin ansprechen, sodass die Glukose aus dem Blut in die Zelle transportiert werden kann.

RÜHREI MIT AVOCADO UND KRABBEN

laktosefrei, glutenfrei

Für 2 Personen
20 Min. Zubereitung
Nährwert pro Portion:
ca. 385 kcal | 26 g EW | 29 g F | 4 g KH

4 Eier
120 ml ungesüßter Mandeldrink (ersatzweise Mineralwasser mit Kohlensäure)
Salz
Pfeffer
frisch geriebene Muskatnuss
1 Schalotte
90 g rote Paprika
½ Avocado
1 EL Rapsöl
100 g gegarte Nordseekrabben (aus dem Kühlregal)
2 EL Schnittlauchröllchen (frisch oder TK)

1. Die Eier in eine Rührschüssel aufschlagen und mit Mandeldrink, etwas Salz, Pfeffer und Muskat verquirlen. Die Schalotte schälen und fein würfeln. Die Paprika waschen, weiße Trennwände und Kerne entfernen, Paprika klein würfeln. Die Avocado entkernen, schälen und würfeln.

2. Die Schalotte in einer Pfanne im Öl kurz anbraten. Die Paprika dazugeben und ca. 2 Min. dünsten. Die Eiermasse darübergießen und ca. 5 Min. garen. Sobald sie zu stocken beginnt, die Hitze reduzieren und die Masse mit einem Pfannenwender immer wieder vom Rand zur Mitte schieben.

3. Die Krabben in einem Sieb abbrausen und abtropfen lassen, mit der Avocado unter das Rührei heben und kurz erwärmen. Zum Servieren das Rührei auf Teller verteilen und mit Schnittlauch bestreuen. Dazu passt pro Person 1 Scheibe Vollkornbrot.

SCHNELLE STULLE MIT RÄUCHERLACHS

glutenfrei

Für 2 Personen
10 Min. Zubereitung
Nährwert pro Portion:
ca. 395 kcal | 22 g EW | 21 g F | 25 g KH

2 Tomaten
½ Salatgurke
2 glutenfreie Eiweißbrötchen (ersatzweise 4 Scheiben glutenfreies Eiweißbrot)
2 EL Frischkäse (17 % Fett absolut)
4 Scheiben Räucherlachs (ca. 80 g)
2 TL Schnittlauchröllchen (frisch oder TK)

1. Die Tomaten waschen und in Scheiben schneiden, dabei die Stielansätze entfernen. Die Gurke putzen, waschen und in dünne Scheiben schneiden. Die Brötchen halbieren und alle Hälften mit dem Frischkäse bestreichen.

2. Dann die Brötchenunterseiten mit je 2 Scheiben Räucherlachs, Tomaten sowie Gurke belegen und mit Schnittlauch bestreuen. Je 1 Brötchenoberseite darauflegen und leicht andrücken. Die Stullen können Sie auch gut mitnehmen – einfach in einer Brotbox verpacken.

TIPP: Die Stullen liefern reichlich Protein, das sorgt für gute Sättigung und beugt Blutzuckerspitzen vor. Sie sind auch reich an Omega-3-Fettsäuren – dank der Nüsse und Samen im Eiweißbrot sowie des Lachses.

OMELETT MIT PILZEN UND PAPRIKA

vegetarisch, glutenfrei

Für 2 Personen
15 Min. Zubereitung
Nährwert pro Portion:
ca. 330 kcal | 20 g EW | 26 g F | 4 g KH

150 g braune Champignons
100 g Frühlingszwiebeln
150 g orange Paprika
4 Eier
Salz
Pfeffer
2 EL Rapsöl
2 EL geriebener Gouda (max. 48 % Fett)
2 EL Schnittlauchröllchen (frisch oder TK)

1. Die Champignons putzen, bei Bedarf mit einem Tuch abreiben und in dünne Scheiben schneiden. Die Frühlingszwiebeln putzen, waschen und in dünne Ringe schneiden. Die Paprika waschen, vierteln, weiße Trennwände und Kerne entfernen, Paprika in kurze Streifen schneiden. Die Eier in einer Rührschüssel gründlich verquirlen und mit 1 Prise Salz und Pfeffer würzen.

2. Die Pilze in einer Pfanne in 1 EL Öl scharf anbraten. Frühlingszwiebeln und Paprika hinzufügen und mit anbraten. Herausnehmen und beiseitestellen. Die Hitze etwas reduzieren und das übrige Öl in der Pfanne erhitzen. Die Eiermasse darin verteilen. Mit einer Gabel das Ei von außen nach innen ziehen, damit es gleichmäßig gart. Kurz bevor das Ei durchgegart ist, den Gouda und Gemüse-Mix darauf verteilen.

3. Zum Servieren das Omelett zusammenklappen, halbieren und auf Teller verteilen. Mit dem Schnittlauch garnieren.

TIPP: Wer will, kann auch andere Gemüsesorten verwenden – zum Beispiel Möhren, Tomaten oder Zucchini. Um zwei separate Omeletts zuzubereiten, zwei Pfannen verwenden und darin jeweils die Hälfte der Zutaten garen.

ANTIPASTI AUS DEM OFEN MIT BASILIKUMBOHNEN

vegan, laktosefrei, glutenfrei

Für 2 Personen
50 Min. Zubereitung
30 Min. Garen
10 Min. Ziehen
Nährwert pro Portion:
ca. 355 kcal | 13 g EW | 22 g F | 28 g KH

1 Aubergine
1 große Möhre
8 Champignons
4 EL Olivenöl
2 TL getr. Oregano
1 Knoblauchzehe
2 Zweige Rosmarin
Salz
Pfeffer
300 g weiße Bohnen (aus der Dose)
½ Bio-Zitrone
4–5 Stängel Basilikum

1. Den Backofen auf 175° vorheizen. Die Aubergine putzen, waschen und in ca. 1 cm dicke Scheiben schneiden. Die Möhre mit der Gemüsebürste gründlich abbürsten (alternativ putzen und schälen) und in ca. 1 cm dicke Scheiben schneiden. Die Pilze putzen, bei Bedarf mit einem Tuch abreiben und vierteln.

2. Für die Marinade 3 EL Öl und den Oregano in einer großen Schüssel verrühren. Den Knoblauch schälen und dazupressen. Den Rosmarin waschen, trocken tupfen, die Nadeln abzupfen und sehr fein hacken. Mit Salz und Pfeffer zum Würzöl geben und das Gemüse untermischen. Alles auf einem Backblech verteilen und im Ofen (Mitte) ca. 30 Min. garen, dabei nach ca. 15 Min. einmal wenden. Anschließend den Ofen ausschalten und das Gemüse darin noch ca. 10 Min. ziehen lassen.

3. Währenddessen die Bohnen in einem Sieb abbrausen und abtropfen lassen, dann mit dem restlichen Öl mischen. Die Zitrone heiß waschen, abtrocknen und die Schale fein abreiben, dann die Zitronenhälfte auspressen. Das Basilikum waschen, trocken tupfen, die Blätter abzupfen und grob hacken. Zitronenschale, -saft und Basilikum mit den Bohnen mischen. Das Gemüse aus dem Ofen nehmen und in einer flachen Schale abkühlen lassen. Zum Servieren auf Teller verteilen und die Basilikumbohnen dazureichen.

TIPP: Die Gemüse-Antipasti sind ideal zum Vorbereiten – abgedeckt halten sie sich mehrere Tag im Kühlschrank.

BLUMENKOHLSALAT MIT GRANATAPFELKERNEN

vegan, laktosefrei, glutenfrei

Für 2 Personen
20 Min. Zubereitung
25 Min. Backen
Nährwert pro Portion:
ca. 525 kcal | 16 g EW | 29 g F | 43 g KH

500 g Blumenkohl
3 EL Olivenöl
Meersalz
40 g Cashewkerne
250 g Kichererbsen (aus der Dose)
½ Granatapfel
½ Zitrone
2 TL Tahin (Sesampaste)
½ TL gemahlener Kreuzkümmel
Pfeffer
½ Bund Koriandergrün

1. Den Backofen auf 180° vorheizen. Den Blumenkohl putzen, waschen und in Röschen teilen, den Strunk schälen und grob hacken. In einer Schüssel mit 1 EL Öl und etwas Meersalz mischen und auf einem Backblech gleichmäßig verteilen. Im Ofen (Mitte) ca. 25 Min. garen, dabei zwischendurch einmal wenden. Anschließend herausnehmen, in eine Salatschüssel geben und abkühlen lassen.

2. Inzwischen die Cashewkerne in einer beschichteten Pfanne ohne Fett bei kleiner Hitze ca. 5 Min. leicht rösten. Herausnehmen und abkühlen lassen.

3. Die Kichererbsen in einem Sieb abbrausen und abtropfen lassen. Den Granatapfel in einer Schüssel mit Wasser in Stücke brechen und die Kerne am besten unter Wasser herauslösen. Beides zum Blumenkohl geben.

4. Für das Dressing die Zitrone auspressen und den Saft mit dem restlichen Öl, Tahin und Kreuzkümmel in einer kleinen Schüssel verrühren, mit Meersalz und Pfeffer abschmecken.

5. Zum Servieren das Koriandergrün waschen, trocken tupfen und die Blätter abzupfen. Das Dressing über Blumenkohl, Kichererbsen und Granatapfel geben und alles locker mischen. Den Salat auf Schalen verteilen und mit Cashewkernen und Koriandergrün garnieren.

KÜRBIS-WEISSKOHL-SALAT MIT TOMATEN-VINAIGRETTE

vegan, laktosefrei, glutenfrei

Für 2 Personen
20 Min. Zubereitung
10 Min. Garen
2 Std. Ziehen
Nährwert pro Portion:
ca. 310 kcal | 11 g EW | 12 g F | 39 g KH

1 ½ EL glutenfreier Aceto balsamico
1 Prise glutenfreie Gemüsebrühe (Instant)
Salz
Pfeffer
½ TL Agavendicksaft
2 EL Walnussöl
75 g Tomate
1 EL Schnittlauchröllchen
300 g Hokkaido-Kürbis
250 g weiße Bohnen (aus der Dose)
150 g Salatgurke
½ rote Paprika
150 g Weißkohl
1 Schalotte
3–4 EL Kresse

1. Den Backofen auf 200° vorheizen. Ein Backblech mit Backpapier belegen.

2. Für die Vinaigrette Essig, 2 ½ EL Wasser, Brühe, Salz, Pfeffer und Agavendicksaft in einer Schüssel verrühren. Dann das Öl unterschlagen. Die Tomate waschen und klein würfeln, dabei den Stielansatz entfernen. Mit dem Schnittlauch zur Vinaigrette geben und untermischen.

3. Für den Salat Kürbis putzen und waschen, die Kerne mit einem Löffel entfernen und das Fruchtfleisch in mundgerechte Stücke schneiden. Auf dem Blech verteilen und im Ofen (Mitte) in ca. 10 Min. weich garen.

4. Inzwischen die Bohnen in einem Sieb abbrausen und abtropfen lassen. Die Gurke putzen, waschen und in feine Streifen schneiden. Die Paprika waschen, halbieren, weiße Trennwände und Kerne entfernen, Paprika in Streifen schneiden. Den Weißkohl putzen, waschen und den harten Strunk entfernen, den Kohl in feine Streifen hobeln. Die Schalotte schälen und in dünne Streifen schneiden.

5. Das Gemüse in einer Salatschüssel mit den weißen Bohnen und dem Kürbis mischen und die Vinaigrette hinzufügen. Den Salat bei Raumtemperatur ca. 2 Std. ziehen lassen. Zum Servieren die Kresse in einem Sieb abbrausen und trocken tupfen. Den Salat auf Teller verteilen und mit der Kresse garnieren.

MÖHRENPASTA-SALAT MIT BUNTEM GEMÜSE

vegetarisch, glutenfrei

Für 2 Personen
45 Min. Zubereitung
Nährwert pro Portion:
ca. 305 kcal | 9 g EW | 23 g F | 14 g KH

30 g Pinienkerne
3–4 Stängel Basilikum
25 g Parmesan (am Stück)
400 g Möhren
60 g gelbe Paprika
50 g Rucola
120 g Kirschtomaten
1 ½ Zweige Oregano
2 EL Rapsöl
½ TL glutenfreie Gemüsebrühe (Instant)
Salz
Pfeffer

1. Die Pinienkerne in einer beschichteten Pfanne ohne Fett bei kleiner Hitze ca. 5 Min. leicht rösten. Herausnehmen und abkühlen lassen. Das Basilikum waschen, trocken tupfen und die Blätter abzupfen. Den Parmesan fein reiben. Die Hälfte der Pinienkerne mit dem Basilikum im Mörser zerreiben und den Parmesan unterheben.

2. Die Möhren putzen, schälen und mit dem Sparschäler in breite, lange Streifen – ähnlich wie Bandnudeln – abziehen. Die Paprika waschen, weiße Trennwände und Kerne entfernen, die Paprika in dünne Streifen schneiden. Den Rucola verlesen, waschen und trocken schleudern. Die Tomaten waschen und halbieren. Den Oregano waschen, trocken tupfen und die Blätter abzupfen.

3. Das Öl in einer großen Pfanne erhitzen und Möhrenpasta und Paprika darin bei mittlerer Hitze ca. 4 Min. andünsten. 50 ml Wasser und die Brühe dazugeben und alles bei kleiner Hitze ca. 5 Min. unter Wenden garen, bis die Flüssigkeit eingekocht ist. Mit Salz und Pfeffer würzen, vom Herd nehmen und abkühlen lassen.

4. Zum Servieren die restlichen Pinienkerne und die Tomaten zum Gemüse hinzufügen. Zuletzt den Rucola unterheben und den Salat auf Teller verteilen. Mit Oregano und dem Basilikum-Parmesan-Mix bestreuen.

TIPP: Wem das Schälen der Möhren in Bandnudelform zu aufwendig ist, kann die Möhren auch einfach auf der Gemüsereibe grob raspeln. Wer will, kann auch noch Parmesanspäne über den Salat streuen.

GRÜNER-SPARGEL-SALAT MIT BELUGA-LINSEN UND PARMESAN

vegetarisch, glutenfrei

Für 2 Personen
30 Min. Zubereitung
1 Std. Marinieren
Nährwert pro Portion:
ca. 440 kcal | 26 g EW | 18 g F | 38 g KH

500 g grüner Spargel
Salz
2 getr. Tomaten (in Öl eingelegt)
1 ½ EL glutenfreier Aceto balsamico
½ TL Dijonsenf
2 EL Olivenöl
120 g Beluga-Linsen
6 Kirschtomaten
2 Radieschen
¼ Bund Basilikum
40 g Parmesanspäne

1. Den Spargel waschen und im unteren Drittel schälen, die holzigen Enden abschneiden. Reichlich Wasser in einem großen Topf aufkochen und salzen. Den Spargel darin bei kleiner Hitze in ca. 10 Min. bissfest, aber nicht zu weich garen. Herausnehmen, abtropfen und auf einem Teller abkühlen lassen.

2. Inzwischen für die Vinaigrette die getrockneten Tomaten abtropfen lassen und fein würfeln. Essig, Senf und Öl in einer kleinen Schüssel mit einem Schneebesen kräftig verrühren. Getrocknete Tomaten unterheben, die Vinaigrette leicht salzen und pfeffern und gleichmäßig über dem Spargel verteilen. Den Spargel ca. 1 Std. marinieren.

3. Währenddessen die Beluga-Linsen in einem Sieb abbrausen, dann zugedeckt in einem Topf in 240 ml Wasser aufkochen und bei mittlerer Hitze in ca. 20 Min. bissfest garen. Bei Bedarf noch etwas Wasser nachgießen. Anschließend die Linsen in ein Sieb abgießen, abtropfen lassen und beiseitestellen.

4. Inzwischen die Kirschtomaten waschen und halbieren. Die Radieschen putzen, waschen und in dünne Scheiben schneiden. Das Basilikum waschen, trocken tupfen, die Blätter abzupfen und klein hacken.

5. Zum Servieren den marinierten Spargel auf Teller setzen, Tomaten, Radieschen und Linsen darauf verteilen und alles mit Basilikum und Parmesan bestreuen.

LINSEN-SPINAT-SALAT MIT BEEREN UND MANDELN

vegetarisch, glutenfrei

Für 2 Personen
30 Min. Zubereitung
Nährwert pro Portion:
ca. 410 kcal | 22 g EW | 15 g F | 42 g KH

120 g grüne Linsen
Salz
2 Möhren (ca. 300 g)
100 g Baby-Blattspinat
150 g Himbeeren (frisch oder TK)
30 g Mandelblättchen
3 Zweige Thymian
1 EL Joghurt (3,5 % Fett; ersatzweise Sojaghurt)
1 EL helles Mandelmus
½ Orange
1 TL flüssiger Honig
Pfeffer

1. Die Linsen in einem Sieb abbrausen, dann in leicht gesalzenem Wasser zugedeckt in ca. 25 Min. weich garen. Anschließend in ein Sieb abgießen, abtropfen und abkühlen lassen.

2. Inzwischen die Möhren mit der Gemüsebürste gründlich waschen (alternativ putzen und schälen), dann auf der Gemüsereibe grob raspeln. Den Spinat verlesen, waschen und trocken schleudern. Die Himbeeren verlesen, waschen und trocken tupfen (TK-Ware rechtzeitig auftauen lassen).

3. Die Mandelblättchen in einer beschichteten Pfanne ohne Fett bei kleiner Hitze ca. 5 Min. leicht rösten. Herausnehmen und abkühlen lassen. Den Thymian waschen, trocken tupfen, die Blätter abzupfen und fein hacken.

4. Für das Dressing den Joghurt mit Mandelmus in einer kleinen Schüssel glatt verrühren. Die Orangenhälfte auspressen und den Saft mit Thymian und Honig zum Joghurt-Mix geben, alles gründlich mischen. Falls nötig, noch etwas Wasser hinzufügen. Mit Salz und Pfeffer abschmecken.

5. Zum Servieren Linsen, Möhren, Spinat und Himbeeren in einer Salatschüssel mischen, das Dressing darübergeben und untermischen. Den Salat auf Teller verteilen und mit den Mandelblättchen bestreuen.

TIPP: Linsen, Bohnen, Erbsen und Co. zählen zu den Hülsenfrüchten und sind ideal für Diabetesbetroffene. Denn sie bringen ordentlich Ballaststoffe und Pflanzenprotein auf den Teller. Beide Nährstoffe verlangsamen die Magenentleerung, sättigen gut und verhindern, dass der Blutzucker sehr steil ansteigt.

QUINOA-BOWL MIT ROTER BETE UND BOHNEN

vegan, laktosefrei, glutenfrei

Für 2 Personen
20 Min. Zubereitung
20 Min. Garen
Nährwert pro Portion:
ca. 890 kcal | 24 g EW | 57 g F | 62 g KH

1 Rote Bete (ca. 200 g)
1 Ringelbete oder Gelbe Bete (ca. 200 g; ersatzweise Rote Bete)
2 EL Olivenöl
Salz
80 g bunte Quinoa
40 g gehackte Walnusskerne
250 g schwarze Bohnen (aus der Dose)
75 g Baby-Blattspinat
1 Avocado
75 g Sojacuisine
Saft von ½ Orange
1 EL Tahin (Sesampaste)
1 TL gemahlener Koriander
½ TL Chilipulver
Pfeffer
½ Bund Koriandergrün

1. Den Backofen auf 180° vorheizen. Rote Bete und Ringelbete putzen und mit der Gemüsebürste gründlich waschen, die Beten halbieren und in dünne Scheiben schneiden (Achtung, die Knollen färben stark!). Ein Backblech mit 1 EL Öl einfetten, die Beten nebeneinander darauf verteilen, mit übrigem Öl bestreichen und mit etwas Salz bestreuen. Im Ofen (Mitte) in ca. 20 Min. weich garen. Herausnehmen und auf einem Kuchengitter abkühlen lassen.

2. Inzwischen die Quinoa in einem Sieb abbrausen und in einem Topf in 160 ml leicht gesalzenem Wasser zugedeckt in ca. 15 Min. weich garen. Walnüsse in einer beschichteten Pfanne ohne Fett bei kleiner Hitze ca. 5 Min. leicht rösten, herausnehmen und abkühlen lassen. Bohnen in einem Sieb abbrausen und abtropfen lassen. Spinat verlesen, waschen und trocken schleudern. Avocado halbieren und entkernen, Fruchtfleisch aus den Schalen heben und quer in Scheiben schneiden.

3. Für das Dressing die Sojacuisine in eine kleine Schüssel gießen und mit Orangensaft, Tahin, Koriander und Chili gründlich verrühren, mit Salz und Pfeffer abschmecken.

4. Zum Servieren das Koriandergrün waschen, trocken tupfen und die Blätter abzupfen. Die Quinoa auf Schalen (Bowls) verteilen und Beten, Bohnen, Spinat, Avocado und Koriandergrün darauf nebeneinander anrichten. Das Dressing darübergeben und alles mit Walnüssen garnieren.

BROKKOLIBRATLINGE MIT SCHNITTLAUCHQUARK

vegetarisch, glutenfrei

Für 2 Personen
30 Min. Zubereitung
Nährwert pro Portion:
ca. 415 kcal | 36 g EW | 24 g F | 11 g KH

500 g Brokkoli (ersatzweise Romanesco)
2 Eier (M)
50 g Mandelmehl (teilentölt)
1 EL italien. Kräuter (getr. oder TK)
Salz
Pfeffer
2 EL Rapsöl
150 g Quark (20 % Fett)
3 EL Schnittlauchröllchen
2–3 EL Mineralwasser (mit Kohlensäure, nach Belieben; ersatzweise Joghurt, 3,5 % Fett)

1. Den Brokkoli putzen, waschen und in Röschen teilen (den Strunk anderweitig verwenden). In einem Topf in einem Dämpfeinsatz ca. 5 Min. über Wasserdampf garen. Anschließend in einem Sieb kalt abschrecken und abtropfen lassen, in einem hohen Rührbecher mit dem Pürierstab mixen.

2. In einer Rührschüssel Brokkoli-Mix, Eier, Mandelmehl, Kräuter, 1 Prise Salz und Pfeffer mischen. Aus der Masse zwölf Bratlinge formen und leicht platt drücken. Das Öl in einer Pfanne erhitzen und die Bratlinge darin auf jeder Seite in 3–4 Min. knusprig braten. Herausnehmen und auf Küchenpapier abtropfen lassen.

3. Quark und Schnittlauch mischen und mit Salz und Pfeffer würzen. Für eine sämigere Konsistenz nach Belieben noch etwas Mineralwasser unterrühren. Zum Servieren die Bratlinge auf Teller setzen und den Quarkdip dazureichen.

GRIECHISCHER SALAT MIT WÜRZIGER VOLLKORNSCHNITTE

vegetarisch

Für 2 Personen
25 Min. Zubereitung
5 Min. Backen
Nährwert pro Portion:
ca. 510 kcal | 17 g EW | 35 g F | 29 g KH

½ rote Zwiebel
175 g Kirschtomaten
150 g Salatgurke
75 g Schafskäse (z. B. Feta)
50 g schwarze Oliven (entsteint)
3 EL Olivenöl
1 EL Aceto balsamico
1 kleiner Spritzer flüssiger Honig
Salz
Pfeffer
2 EL gehackte Petersilie
15 g geriebener Parmesan
1 Knoblauchzehe
2 Scheiben Vollkorn-Dinkelbrot (à ca. 50 g)

1. Den Backofen auf 200° vorheizen. Ein Backblech mit Backpapier belegen. Die Zwiebel schälen und in dünne Streifen schneiden. Tomaten waschen und vierteln. Die Gurke putzen, schälen und ca. 2 cm groß würfeln. Den Feta würfeln. Alles mit den Oliven in einer Salatschüssel mischen. Für die Vinaigrette 1 EL Öl mit Essig, Honig, Salz und Pfeffer verrühren.

2. Für die Schnitten 1 EL Petersilie mit übrigem Öl und Parmesan verrühren. Den Knoblauch schälen und dazupressen. Die Brotscheiben damit bestreichen, nebeneinander auf das Blech setzen und im Ofen (Mitte) 3–5 Min. überbacken.

3. Zum Servieren übrige Petersilie und Vinaigrette mit den Salatzutaten mischen. Die Vollkornschnitten aus dem Ofen nehmen und auf Teller setzen, den Salat dazureichen.

GRÜNKERNSALAT MIT BROKKOLI UND BURRATA-KÄSE

vegetarisch

Für 2 Personen
45 Min. Zubereitung
20 Min. Garen
Nährwert pro Portion:
ca. 805 kcal | 32 g EW | 56 g F | 37 g KH

1 Brokkoli (ca. 400 g)
1 EL geröstetes Sesamöl
Salz
Pfeffer
80 g Grünkern
100 g Rucola
250 g Kirschtomaten
125 g Burrata (ersatzweise Mozzarella)
40 g Parmesan (am Stück)
30 g Pekannusskerne
2 EL Olivenöl
1 EL Aceto balsamico
½ TL Agavendicksaft
1 Zweig Rosmarin
1 TL getr. Oregano

1. Den Backofen auf 180° vorheizen. Den Brokkoli putzen, waschen und in Röschen teilen, den Strunk schälen und würfeln. Den Brokkoli mit Sesamöl, etwas Salz und Pfeffer in einer Schüssel mischen, danach auf einem Backblech verteilen und im Ofen (Mitte) ca. 20 Min. garen, dabei nach 10 Min. wenden.

2. Währenddessen den Grünkern in einem Sieb abbrausen und in einem Topf in 160 ml leicht gesalzenem Wasser zugedeckt in ca. 20 Min. bissfest garen. In ein Sieb abgießen und abtropfen lassen, dann in einer Salatschüssel abkühlen lassen. Den Rucola verlesen, waschen und trocken schleudern. Die Tomaten waschen und halbieren. Beides zum Grünkern geben.

3. Die Burrata kurz abtropfen lassen und grob zupfen. Den Parmesan grob raspeln. Die Pekannüsse grob hacken und in einer beschichteten Pfanne ohne Fett bei kleiner Hitze ca. 5 Min. leicht rösten. Herausnehmen und abkühlen lassen.

4. Für die Vinaigrette Olivenöl, Essig und Agavendicksaft verrühren. Den Rosmarin waschen, trocken tupfen, die Nadeln abzupfen und fein hacken. Rosmarin und Oregano zur Vinaigrette geben, alles gründlich mischen und mit Salz und Pfeffer abschmecken. Den Brokkoli aus dem Ofen nehmen und noch lauwarm mit Burrata und Vinaigrette zum Grünkern-Mix geben, alles vorsichtig mischen und auf Teller verteilen. Mit Parmesan und Pekannüssen bestreuen.

TIPP: Wenn Sie den Salat statt mit Grünkern mit Quinoa oder Hirse zubereiten, ist das Gericht glutenfrei – einfach die gleiche Menge nach Packungsanweisung garen und den Salat wie beschrieben fertigstellen. Auch beim Essig auf ein glutenfreies Produkt achten!

VEGETARISCHES PILZ-SCHAWARMA

vegetarisch, glutenfrei

Für 2 Personen
10 Min. Zubereitung
20 Min. Garen
Nährwert pro Portion:
ca. 320 kcal | 14 g EW | 22 g F | 17 g KH

600 g Austernpilze (ersatzweise Portobello-Pilze)
2 große rote Zwiebeln
1 TL gemahlener Kreuzkümmel
1 TL gemahlener Koriander
½ TL geräuchertes Paprikapulver
1 Prise Salz
2 EL Olivenöl
¼ Rotkohl
½ Salatgurke
200 g griech. Joghurt (10 % Fett)
1 Knoblauchzehe
1 TL gemahlene Kurkuma
3 Stängel Minze

1. Den Backofen auf 175° vorheizen. Ein Backblech mit Backpapier belegen. Die Pilze putzen, bei Bedarf mit einem Tuch abreiben und in ca. 1 ½ cm breite Streifen schneiden. Die Zwiebeln schälen und in Ringe schneiden. Beides mit Gewürzen und 1 EL Öl mischen, auf dem Blech verteilen und im Ofen (Mitte) 15–20 Min. garen. Dabei einmal Ofentür öffnen, um die Feuchtigkeit entweichen zu lassen.

2. Währenddessen Rotkohl putzen, waschen und in feine Streifen schneiden. Gurke putzen, waschen und klein würfeln. Joghurt in eine Schüssel geben. Knoblauch schälen und dazupressen, den Dip mit Kurkuma und übrigem Öl verrühren. Minze waschen, trocken tupfen und die Blätter abzupfen.

3. Zum Servieren das Schawarma aus dem Ofen nehmen. Den Rotkohl auf Teller verteilen, Gurke und Schawarma darauf anrichten. Mit Joghurtdip und Minze garnieren.

HIRSESALAT MIT GRILLPAPRIKA UND BASILIKUMTOFU

vegetarisch, glutenfrei

Für 2 Personen
30 Min. Zubereitung
Nährwert pro Portion:
ca. 725 kcal | 28 g EW | 43 g F | 51 g KH

80 g Hirse
Salz
2 rote Spitzpaprika (ca. 400 g)
3 EL Olivenöl
1 EL glutenfreier Aceto balsamico bianco
1 kleiner Fenchel (ca. 250 g)
200 g Basilikumtofu
40 g Pinienkerne
Saft von ½ Orange
2 EL Joghurt (3,5 % Fett; ersatzweise Sojaghurt)
½ TL flüssiger Honig
1 TL getr. Kräuter der Provence
Pfeffer
2 EL gehacktes Basilikum

1. Die Hirse in einem Sieb abbrausen und in einem Topf mit 160 ml Wasser und etwas Salz zugedeckt in 20–25 Min. weich garen. Währenddessen die Paprika waschen, halbieren, weiße Trennwände und Kerne entfernen. Paprika in dünne Scheiben schneiden und in einer Grillpfanne in 1 EL Öl bei mittlerer Hitze ca. 15 Min. braten, dabei ab und zu wenden. Zuletzt mit Essig ablöschen.

2. Inzwischen den Fenchel putzen, waschen, halbieren und den harten Strunk entfernen. Die Hälften nochmals halbieren und in feine Streifen schneiden. Den Tofu würfeln. Die Pinienkerne in einer beschichteten Pfanne ohne Fett leicht rösten. Herausnehmen und abkühlen lassen. Hirse, Paprika, Fenchel und Tofu in eine Salatschüssel geben.

3. Für das Dressing Saft, Joghurt, übriges Öl, Honig und Kräuter mischen, salzen und pfeffern, mit dem Basilikum unter die Zutaten mischen. Salat mit Pinienkernen auf Teller verteilen.

AUBERGINEN-ZUCCHINI-RÖLLCHEN MIT APRIKOSENSAUCE

vegetarisch, glutenfrei

Für 2 Personen
1 Std. Zubereitung
Nährwert pro Portion:
ca. 395 kcal | 14 g EW | 22 g F | 33 g KH

½ Zwiebel
2 EL Rapsöl
40 g Natur-Reis
20 g gehackte Mandeln
Salz
40 g TK-Erbsen
60 g Schafskäse (z. B. Feta)
1 Zucchino
1 Aubergine
1 Möhre
½ TL glutenfreie Gemüsebrühe (Instant)
80 g eingekochte Aprikosen (aus der Dose)
Pfeffer
5–6 Blätter Petersilie
Außerdem: 6 Zahnstocher

1. Die Zwiebel schälen, fein würfeln und in einem Topf in ½ EL Öl mit Reis und Mandeln andünsten. 120 ml Wasser dazugießen, salzen und den Reis zugedeckt bei kleiner Hitze in ca. 20 Min. weich garen. Dabei ca. 5 Min. vor Garzeitende die Erbsen hinzufügen. Zuletzt den Feta zerkrümelt unterheben.

2. Inzwischen Zucchino und Aubergine putzen und waschen, den Zucchino in zwölf, die Aubergine in sechs dünne Scheiben schneiden. Die Zucchinischeiben in kochendem Salzwasser ca. 1 Min. blanchieren, in ein Sieb abgießen und abtropfen lassen. Die Auberginen auf Küchenpapier ausbreiten, leicht salzen und kurz ziehen lassen. Anschließend trocken tupfen. Den Reis-Mix bei Bedarf in einem Sieb abtropfen lassen.

3. Für jedes Röllchen 1 Zucchini-, 1 Auberginen- und wieder 1 Zucchinischeibe leicht überlappend nebeneinanderlegen. Je 1 EL Reismischung daraufsetzen, dann alles kompakt aufrollen und mit einem Zahnstocher feststecken.

4. Für die Sauce die Möhre putzen, schälen und in ca. 2 mm dünne Scheiben schneiden. In einem Topf Brühe und 100 ml Wasser aufkochen, die Möhre dazugeben und darin ca. 10 Min. garen. Die Aprikosen in einem Sieb abtropfen lassen, dabei den Einlegesaft auffangen. 2 Aprikosenhälften in kleine Würfel schneiden, den Rest mit 2 EL Einlegesaft zu den Möhren geben. Alles im Topf mit dem Pürierstab pürieren. Mit Salz und Pfeffer würzen und die Aprikosenwürfel hinzufügen.

5. Zum Servieren die Röllchen in einer Pfanne im übrigen Öl ca. 5 Min. rundum braten. Dann auf Teller verteilen, mit der Sauce beträufeln und mit Petersilie garnieren.

AUBERGINEN-PILZ-SCHNITTEN MIT SALAT UND KRÄUTERQUARK

vegetarisch

Für 2 Personen
30 Min. Zubereitung
Nährwert pro Portion:
ca. 685 kcal | 34 g EW | 39 g F | 46 g KH

½ Aubergine (ca. 150 g)
4 Kräuterseitlinge
3 EL Olivenöl
1 TL getr. Oregano
Salz
Pfeffer
1 EL Aceto balsamico bianco
2 EL Tomatenmark
80 g Quark (20 % Fett)
2 EL italien. TK-Kräuter
abgeriebene Schale und Saft von ½ Bio-Zitrone
½ Frisée
1 Beet Kresse
4 Scheiben Hafer-Dinkel-Brot (à ca. 50 g; s. S. 74)
100 g Schafskäse (z. B. Feta)

1. Die Aubergine putzen, waschen und ca. 5 mm klein würfeln. Die Pilze putzen, bei Bedarf mit einem Tuch abreiben und klein würfeln. Beides in einer Pfanne in 2 EL Öl bei mittlerer Hitze ca. 15 Min. garen. Mit Oregano, Salz und Pfeffer würzen, mit Essig ablöschen und das Tomatenmark unterrühren. Vom Herd nehmen und abkühlen lassen.

2. Währenddessen Quark und Kräuter verrühren und alles mit Zitronenschale, Salz und Pfeffer abschmecken. Den Frisée putzen, waschen und trocken tupfen, 4 schöne Blätter für die Brote beiseitelegen, den Rest klein zupfen. Kresse vom Beet schneiden, in einem Sieb abbrausen und trocken tupfen.

3. Zum Servieren die Brotscheiben mit Kräuterquark bestreichen, mit je 1 Salatblatt belegen, den Pilz-Mix daraufsetzen und mit Kresse bestreuen. Je 2 Brote auf Teller legen. Feta würfeln und mit übrigem Salat danebensetzen, mit Restöl und Zitronensaft beträufeln, mit übriger Kresse garnieren.

FELDSALAT MIT GEBRATENEN PILZEN

vegetarisch

Für 2 Personen
20 Min. Zubereitung
Nährwert pro Portion:
ca. 460 kcal | 19 g EW | 25 g F | 35 g KH

350 g Kräuterseitlinge (ersatzweise Champignons)
2 EL Olivenöl
1 EL Aceto balsamico
40 g gehackte Haselnusskerne
1 TL flüssiger Honig
100 g Feldsalat
100 g Mungbohnensprossen
1 kleine Birne
3–4 Stängel Petersilie
2 EL Joghurt (3,5 % Fett)
Saft von ½ Zitrone
1 TL mittelscharfer Senf
Salz
Pfeffer
2 Scheiben Vollkornbrot (à ca. 50 g)
2 EL körniger Frischkäse (Hüttenkäse)

1. Die Pilze putzen, bei Bedarf mit einem Tuch abreiben und in Scheiben schneiden. In einer Pfanne im Öl bei mittlerer Hitze ca. 15 Min. anbraten, mit dem Essig ablöschen. Vom Herd nehmen und abkühlen lassen. Die Nüsse in einer beschichteten Pfanne ohne Fett leicht rösten und den Honig untermischen. Alles noch 2–3 Min. karamellisieren lassen, dann aus der Pfanne nehmen und abkühlen lassen.

2. Den Feldsalat verlesen, waschen und trocken schleudern. Die Sprossen in einem Sieb abbrausen und abtropfen lassen. Die Birne waschen, halbieren, entkernen und in mundgerechte Stücke schneiden. Die Petersilie waschen, trocken tupfen, die Blätter abzupfen und fein hacken. Den Joghurt mit Zitronensaft, Senf, etwas Salz und Pfeffer mischen. Feldsalat, Sprossen, Birne und Petersilie in eine Salatschüssel geben und das Dressing unterrühren. Zum Servieren den Salat auf Teller verteilen, die Pilze daraufsetzen und mit Nüssen garnieren. Das Brot toasten, mit Frischkäse bestreichen und dazureichen.

ROTKOHL-MANGO-SALAT MIT KOKOSTOFU

vegan, laktosefrei

Für 2 Personen
30 Min. Zubereitung
Nährwert pro Portion:
ca. 650 kcal | 25 g EW | 45 g F | 35 g KH

300 g Tofu
4 EL Kokosraspel
3 EL Vollkorn-Dinkelmehl
Salz
Pfeffer
1 EL natives Kokosöl
½ kleiner Rotkohl (ca. 200 g)
1 großer Kohlrabi
½ Mango
1 Limette
2 EL geröstetes Sesamöl
1 TL Sojasauce
1 TL gemahlener Koriander
½ TL Ahornsirup
3 Stängel Minze

1. Den Tofu grob würfeln. Die Kokosraspel mit Mehl, etwas Salz und Pfeffer auf einem flachen Teller mischen und die Tofuwürfel darin rundum wälzen. Das Kokosöl in einer Pfanne erhitzen und die Tofuwürfel darin bei mittlerer Hitze 10–15 Min. anbraten. Dabei ab und zu wenden, bis alle Seiten gleichmäßig gebräunt sind.

2. Währenddessen den Rotkohl putzen, waschen, halbieren und den harten Strunk entfernen. Den Kohl auf der Gemüsereibe sehr fein hobeln und mit etwas Salz in einer Salatschüssel mit den Händen gründlich durchkneten (dazu am besten Handschuhe anziehen!). Den Kohlrabi putzen, schälen und ebenfalls grob raspeln, zum Rotkohl geben. Die Mango schälen und in ca. 3 cm große Würfel schneiden, dann zum Kohl geben.

3. Für das Dressing die Limette halbieren und auspressen. In einer kleinen Schüssel mit Sesamöl, Sojasauce, Koriander und Ahornsirup verrühren, mit Salz und Pfeffer abschmecken.

4. Zum Servieren die Minze waschen, trocken tupfen, die Blätter abzupfen und fein hacken. Den Salat mit dem Dressing mischen und auf Teller verteilen. Die Tofuwürfel daraufsetzen und alles mit der Minze garnieren.

TIPP: Die Mango zählt eigentlich zu den Obstsorten, die relativ reich an Fruchtzucker sind. Pur und in größeren Mengen sollte man sie daher mit einer Diabetesbelastung nicht verzehren. Blutzuckerschonend begleitet wie hier – mit Kohl, Tofu, Sprossen und Kokosnuss –, darf die leckere Frucht auch bei Ihnen auf den Teller.

SPITZKOHL-WRAPS MIT OFENGEMÜSE UND HUMMUS

vegan, laktosefrei, glutenfrei

Für 2 Personen
30 Min. Zubereitung
20 Min. Garen
Nährwert pro Portion:
ca. 515 kcal | 15 g EW | 23 g F | 59 g KH

2 vorwiegend festkochende Kartoffeln (ca. 200 g)
1 große Pastinake (ca. 300 g)
1 rote Zwiebel
3 EL Olivenöl
Meersalz
6 große Spitzkohlblätter (ersatzweise Weißkohlblätter)
150 g Kichererbsen (aus der Dose)
100 g gegarte Rote Bete (vakuumverpackt)
1 Knoblauchzehe
½ Bio-Zitrone
1 EL Tahin (Sesampaste)
1 TL gemahlener Kreuzkümmel
Pfeffer
100 g Sojasprossen (ersatzweise Mungbohnensprossen)

1. Den Backofen auf 180° vorheizen. Die Kartoffeln mit der Gemüsebürste gründlich waschen und jeweils längs in sechs Spalten schneiden. Die Pastinake ebenfalls bürsten, längs halbieren und quer in dünne Scheiben schneiden. Die Zwiebel schälen und in dünne Ringe schneiden. Ein Backblech mit 1 EL Öl einfetten und Kartoffeln, Pastinake und Zwiebel darauf verteilen, mit Meersalz bestreuen. Das Gemüse im Ofen (Mitte) ca. 20 Min. garen. Herausnehmen und abkühlen lassen.

2. Währenddessen Spitzkohlblätter waschen und jeweils den harten Strunk entfernen. Blätter in einer Schüssel mit kochendem Wasser übergießen und darin zugedeckt ca. 5 Min. ziehen lassen. Dann in ein Sieb abgießen und abtropfen lassen.

3. Inzwischen die Kichererbsen in einem Sieb abbrausen und abtropfen lassen. Rote Bete grob würfeln (Achtung, die Knollen färben stark!). Knoblauch schälen und vierteln. Zitrone heiß waschen, abtrocknen und die Schale fein abreiben, danach die Zitrone auspressen. Kichererbsen, Rote Bete, Knoblauch, Zitronenschale und -saft mit Tahin, übrigem Öl und Kreuzkümmel in einen hohen Rührbecher geben und alles mit dem Pürierstab fein pürieren, mit Salz und Pfeffer würzen.

4. Zum Servieren die Sprossen in einem Sieb abbrausen und abtropfen lassen. Jedes Kohlblatt mit etwas Hummus bestreichen, einige Kartoffelspalten, Pastinaken, Zwiebeln und Sprossen darauflegen und das Blatt kompakt zu einem Wrap aufrollen. Restlichen Hummus und übriges Gemüse auf Teller verteilen und die Wraps danebensetzen.

ROTE-BETE-SALAT MIT GRAPEFRUIT UND FETA

vegetarisch, glutenfrei

Für 2 Personen
15 Min. Zubereitung
Nährwert pro Portion:
ca. 680 kcal | 26 g EW | 42 g F | 45 g KH

500 g gegarte Rote Bete (vakuumverpackt)
1 Grapefruit
200 g Schafskäse (z. B. Feta)
40 g Haselnusskerne
2 EL Haselnussöl (ersatzweise Walnussöl)
1 EL glutenfreier Himbeeressig
1 TL flüssiger Honig
½ TL glutenfreier körniger Senf
2–3 Zweige Thymian (ersatzweise 1 TL getr. Thymian)
Salz
Pfeffer

1. Die Rote Bete würfeln (Achtung, die Knollen färben stark!). Die Grapefruit so großzügig schälen, dass auch die weiße Haut mitentfernt wird. Die Filets zwischen den einzelnen Trennhäuten herausschneiden und jeweils vierteln. Mit Roter Bete in eine Salatschüssel geben. Den Feta grob zerbröseln und untermischen.

2. Die Nüsse hacken und in einer beschichteten Pfanne ohne Fett leicht rösten, herausnehmen und abkühlen lassen. Öl, Essig, Honig und Senf in einer kleinen Schüssel verrühren. Den Thymian waschen, trocken tupfen und Blätter abzupfen, zum Dressing geben und alles mit Salz und Pfeffer abschmecken.

3. Zum Servieren das Dressing gleichmäßig unter die Salatzutaten heben und den Salat auf Teller verteilen, mit den gerösteten Nüssen bestreuen.

GEGRILLTER CHICORÉE MIT BOHNEN-FETA-SALAT

vegetarisch, glutenfrei

Für 2 Personen
20 Min. Zubereitung
Nährwert pro Portion:
ca. 380 kcal | 16 g EW | 23 g F | 20 g KH

4 kleine Chicorée
3 EL Olivenöl
Meersalz
200 g Borlotti-Bohnen (ersatzweise weiße Bohnen; aus dem Glas)
1 rote Paprika
1 Schalotte
75 g Schafskäse (z. B. Feta)
3 EL gehackte Petersilie
1 EL glutenfreier Aceto balsamico bianco
½ TL flüssiger Honig
Salz
Pfeffer
1 EL Zitronensaft

1. Den Chicorée waschen, halbieren und den harten Strunk entfernen. Die Hälften mit 1 ½ EL Öl bestreichen und mit etwas Meersalz bestreuen. Auf dem Grill oder in einer Grillpfanne bei mittlerer Hitze auf jeder Seite 5–6 Min. rösten.

2. Inzwischen die Bohnen in einem Sieb abbrausen und abtropfen lassen. Die Paprika waschen, halbieren, weiße Trennwände und Kerne entfernen, Paprika klein würfeln. Die Schalotte schälen, vierteln und in feine Streifen schneiden. Bohnen, Paprika und Schalotte in eine Salatschüssel geben. Den Feta grob zerbröseln und mit der Petersilie hinzufügen.

3. Übriges Öl mit Essig und Honig verrühren, die Vinaigrette mit Salz und Pfeffer abschmecken und über den Salat geben. Zum Servieren Salat auf Teller verteilen und den gegrillten Chicorée daraufsetzen, mit Zitronensaft beträufeln.

FARBENFROHE BOWL MIT EI UND JOGHURTDRESSING

vegetarisch, glutenfrei

Für 2 Personen
45 Min. Zubereitung
Nährwert pro Portion:
ca. 375 kcal | 11 g EW | 23 g F | 30 g KH

80 g Hirse
1 TL glutenfreie Gemüsebrühe (Instant)
1 Ei (M)
100 g Salatgurke
75 g Feldsalat
25 g Physalis
½ Avocado
1 EL geschälte Mandeln
¼ Bund Schnittlauch
1 ½ EL Joghurt (1,5 % Fett)
1 EL glutenfreier Aceto balsamico
1 EL Rapsöl
Salz
Pfeffer

1. Die Hirse in einem Sieb abbrausen und abtropfen lassen. Dann in einem Topf mit 160 ml Wasser und der Brühe mischen, zugedeckt aufkochen und bei mittlerer Hitze ca. 15 Min. köcheln lassen. Anschließend vom Herd nehmen und noch ca. 15 Min. quellen lassen.

2. Inzwischen das Ei in ca. 8 Min. hart kochen, kalt abschrecken und abkühlen lassen. Die Gurke putzen, waschen, quer halbieren und mit dem Sparschäler längs in dünne Streifen schälen. Den Feldsalat verlesen, waschen und trocken schleudern. Die Physalis von den Blättern befreien, waschen und halbieren. Die Avocado ggf. entkernen, das Fruchtfleisch aus der Schale heben und in Streifen schneiden.

3. Alles auf Schalen (Bowls) nach Sorten aufgeteilt verteilen. Die Mandeln in einer beschichteten Pfanne ohne Fett bei kleiner Hitze ca. 5 Min. leicht rösten. Herausnehmen und abkühlen lassen. Das Ei pellen und in kleine Würfel schneiden.

4. Für das Dressing den Schnittlauch waschen, trocken tupfen und in feine Röllchen schneiden. Den Joghurt mit Essig und Öl mischen, mit Salz und Pfeffer würzen und den Schnittlauch hinzufügen. Zum Servieren Eiwürfel und Joghurtdressing über die Bowls geben und mit den Mandeln garnieren.

TIPP: Hirse zählt nicht zu den klassischen Getreidesorten, und enthält vor allem kein Gluten. Für Diabetesbetrofffene sind die kleinen gelben Körner interessant, weil sie trotz der Kohlenhydrate relativ viel Pflanzeneiweiß enthalten. Diese Kombination ist hilfreich, um den Blutzuckerspiegel nicht Achterbahn fahren zu lassen.

FENCHEL-GURKEN-SALAT MIT COUSCOUS UND HÜTTENKÄSE

vegetarisch

Für 2 Personen
20 Min. Zubereitung
Nährwert pro Portion:
ca. 580 kcal | 38 g EW | 27 g F | 45 g KH

80 g Vollkorn-Couscous
Salz
160 ml heißes Wasser
1 Fenchel
1 Salatgurke
30 g Kürbiskerne
1 TL flüssiger Honig
400 g körniger Frischkäse (Hüttenkäse)
2 EL Olivenöl
1 EL Aceto balsamico bianco
Pfeffer
2 EL gehackter Dill

1. Den Couscous mit etwas Salz in einer Schüssel mit dem kochend heißen Wasser übergießen. Erst zugedeckt ca. 5 Min. ziehen lassen, danach offen abkühlen lassen. Währenddessen Fenchel putzen und waschen, halbieren und den harten Strunk entfernen. Gurke putzen und waschen. Beides auf der Gemüsereibe in dünne Scheiben hobeln, in eine Salatschüssel geben.

2. Die Kürbiskerne in einer beschichteten Pfanne ohne Fett leicht rösten und den Honig darüber verteilen. Die Kerne noch 2–3 Min. karamellisieren lassen, danach aus der Pfanne nehmen und abkühlen lassen.

3. Zum Servieren den Couscous mit Frischkäse, Öl und Essig mischen, zu Fenchel und Gurke geben und alles mit Salz und Pfeffer abschmecken. Den Salat auf Teller verteilen und mit Dill und Kürbiskernen garnieren.

STAUDENSELLERIESALAT MIT APFEL UND ZIEGENROLLE

vegetarisch, glutenfrei

Für 2 Personen
20 Min. Zubereitung
10 Min. Garen

Nährwert pro Portion:
ca. 575 kcal | 26 g EW | 46 g F | 13 g KH

200 g Ziegenkäserolle (45 % Fett i. Tr.)
40 g Walnusskerne
300 g Staudensellerie
1 Möhre
1 kleiner Apfel
2 EL Olivenöl
1 EL glutenfreier Aceto balsamico bianco
1 EL glutenfreier körniger Senf
Kräutersalz
bunter Pfeffer
3 Zweige Thymian

1. Den Backofen auf 180° vorheizen. Ein Backblech mit Backpapier belegen. Die Ziegenrolle quer in sechs Scheiben schneiden und nebeneinander auf das Blech legen, mit Walnusskernen bestreuen. Den Käse im Ofen (Mitte) ca. 10 Min. garen. Herausnehmen und etwas abkühlen lassen.

2. Inzwischen Sellerie putzen, waschen und in dünne Scheiben schneiden. Möhre putzen, mit der Gemüsebürste gründlich waschen und auf der Gemüsereibe grob raspeln. Apfel waschen, vierteln, entkernen und klein würfeln. Sellerie, Möhre und Apfel in einer Salatschüssel mischen. Öl, Essig und Senf gründlich mischen, mit Kräutersalz und buntem Pfeffer abschmecken.

3. Zum Servieren den Thymian waschen, trocken tupfen und die Blätter abzupfen. Den Salat mit der Vinaigrette mischen und auf Teller verteilen, je 3 Scheiben Ziegenkäse mit Walnüssen daraufsetzen und mit Thymian garnieren.

SOMMERROLLEN MIT PAPAYA UND HÄHNCHEN

laktosefrei, glutenfrei

Für 2 Personen
35 Min. Zubereitung
Nährwert pro Portion:
ca. 590 kcal | 28 g EW | 34 g F | 36 g KH

1 rote Paprika
¼ Salatgurke
150 g Papaya
1 Avocado
4 grüne Salatblätter (z. B. Lollo biondo)
4 Stängel Koriandergrün
150 g Hähnchenbrustfilet
1 EL Erdnussöl
Salz
Pfeffer
rosenscharfes Paprikapulver
8 Blätter Reispapier (∅ ca. 22 cm)
1 Stück Ingwer (5 cm lang)
1 Chilischote
2 EL Erdnussmus
2 EL Limettensaft
1 TL Sojasauce

1. Die Paprika waschen, halbieren, weiße Trennwände und Kerne entfernen, die Hälften in feine Streifen schneiden. Die Gurke putzen, waschen und in dünne Scheiben schneiden. Die Papaya putzen und die Kerne mit einem Löffel entfernen, das Fruchtfleisch aus der Schale lösen und in feine Streifen schneiden. Die Avocado halbieren, entkernen, das Fruchtfleisch aus den Schalen heben und in Streifen schneiden. Die Salatblätter waschen, trocken tupfen und in mundgerechte Stücke zupfen. Koriander waschen, trocken tupfen, die Blätter abzupfen.

2. Das Hähnchenfleisch in feine Streifen schneiden. Das Öl in einer Pfanne erhitzen und die Hähnchenstreifen darin bei mittlerer Hitze 3–4 Min. rundum anbraten, mit Salz, Pfeffer und Paprikapulver würzen. Vom Herd nehmen.

3. Einen großen tiefen Teller mit kaltem Wasser füllen und die Reispapierblätter darin nacheinander so lange einweichen, bis sie biegsam sind. Dann die Blätter einzeln auf die Arbeitsfläche legen und mit Paprika, Gurke, Papaya, Avocado, Salat, Koriandergrün und Hähnchen belegen. Alles aufrollen, dabei die Seiten rechts und links nach innen klappen und das Reispapierblatt von unten kompakt aufrollen.

4. Für den Dip den Ingwer schälen und fein hacken. Die Chili waschen, halbieren, weiße Trennwände und Kerne entfernen und die Hälften in dünne Ringe schneiden. Das Erdnussmus mit 2 EL warmem Wasser, Limettensaft und Sojasauce in einer kleinen Schüssel gut verrühren und mit Chili und Ingwer bestreuen. Die Sommerrollen mit dem Dip servieren.

GEMÜSESALAT MIT STREMELLACHS

glutenfrei

Für 2 Personen
15 Min. Zubereitung
Nährwert pro Portion:
ca. 435 kcal | 29 g EW | 30 g F | 10 g KH

1 gelbe Paprika
2 Tomaten
½ Salatgurke
1 Frühlingszwiebel
120 g körniger Frischkäse (Hüttenkäse)
125 g Stremellachs (mit Haut)
2 EL Olivenöl
1 EL Apfelessig (ersatzweise glutenfreier Aceto balsamico bianco)
½ TL Chiliflocken
2 TL Schnittlauchröllchen (frisch oder TK)
Salz
Pfeffer
2 EL Pinienkerne

1. Die Paprika waschen, halbieren, weiße Trennwände und Kerne entfernen, die Paprika in kleine Würfel schneiden. Die Tomaten waschen und in kleine Würfel schneiden, dabei die Stielansätze entfernen. Die Gurke putzen, waschen und ebenfalls in kleine Würfel schneiden. Die Frühlingszwiebel putzen, waschen und in dünne Ringe schneiden.

2. Das Gemüse mit dem Hüttenkäse in einer Salatschüssel verrühren. Die Haut vom Stremellachs entfernen, den Lachs grob zupfen und vorsichtig unter den Gemüsesalat heben.

3. Für die Vinaigrette Öl, Essig, Chili, Schnittlauch, Salz und Pfeffer in eine kleine Schüssel geben und gut verrühren. Die Pinienkerne in einer beschichteten Pfanne ohne Fett bei kleiner Hitze ca. 5 Min. leicht rösten, herausnehmen und abkühlen lassen.

4. Zum Servieren die Vinaigrette unter die Salatzutaten heben und den Gemüsesalat auf Teller verteilen. Mit den Pinienkernen bestreuen. Der Salat lässt sich in einer Plastikbox verpackt gut mitnehmen.

TIPP: Fisch ist proteinreich und in der naturbelassenen Variante so gut wie frei von Kohlenhydraten. Wer Fisch isst, bleibt somit lange satt, ohne den Blutzuckerspiegel zu beeinflussen.

ROTE-BETE-LINSEN-SALAT MIT KNOBLAUCHGARNELEN

glutenfrei

Für 2 Personen
45 Min. Zubereitung
Nährwert pro Portion:
ca. 495 kcal | 28 g EW | 20 g F | 45 g KH

90 g Berglinsen
240 ml glutenfreie Gemüsebrühe
1 Möhre (ca. 100 g)
50 g Rucola
1 Frühlingszwiebel
2 gegarte Rote Beten (vakuumverpackt)
35 g getr. Tomaten (in Öl eingelegt)
2 EL saure Sahne
2 EL Olivenöl
1 EL Apfelessig
2 EL Schnittlauchröllchen (frisch oder TK)
Salz
Pfeffer
2 EL Pinienkerne (ersatzweise gehackte Mandeln)
120 g rohe Garnelen (küchenfertig; frisch oder TK)
1 Knoblauchzehe

1. Die Linsen in einem Sieb abbrausen, zugedeckt in einem Topf in der Brühe bei mittlerer Hitze in ca. 25 Min. bissfest garen. In ein Sieb abgießen, kalt abschrecken, abtropfen und abkühlen lassen. Währenddessen die Möhre putzen, schälen und grob raspeln. Den Rucola verlesen, waschen und trocken schleudern. Die Frühlingszwiebel putzen, waschen und in dünne Ringe schneiden. Die Roten Beten würfeln (Achtung, die Knollen färben stark!). Die Tomaten abtropfen lassen und klein schneiden. Alles in eine Salatschüssel geben.

2. Für das Dressing saure Sahne, 1 EL Öl, Essig und Schnittlauch verrühren, salzen und pfeffern, unter die Salatzutaten heben. Die Pinienkerne in einer beschichteten Pfanne ohne Fett leicht rösten, herausnehmen und abkühlen lassen. Die Garnelen waschen und trocken tupfen (TK-Ware rechtzeitig auftauen lassen, Flüssigkeit abgießen). In einer Pfanne im übrigen Öl unter Wenden 3–4 Min. braten, salzen. Den Knoblauch schälen und dazupressen. Salat und Garnelen auf Teller verteilen, mit Pinienkernen bestreuen.

PROTEINREICHE SALAT-BOWL MIT MAKRELE

glutenfrei, laktosefrei

Für 2 Personen
15 Min. Zubereitung
Nährwert pro Portion:
ca. 520 kcal | 26 g EW | 41 g F | 11 g KH

40 g TK-Edamame (ersatzweise Kichererbsen aus der Dose)
90 g Feldsalat
80 g Radieschen
1 Avocado
100 g Kirschtomaten
200 g geräucherte Makrele (ersatzweise geräucherte Forelle)
2 EL Mais (aus der Dose)
1 EL geröstetes Sesamöl
2 EL Limettensaft
Salz
Pfeffer
1 Knoblauchzehe
2 Stängel Koriandergrün (ersatzweise Petersilie)

1. Die Edamame rechtzeitig in einem Sieb auftauen lassen, kalt abbrausen und abtropfen lassen. Den Feldsalat verlesen, waschen und trocken schleudern. Die Radieschen putzen, waschen und in dünne Scheiben schneiden. Die Avocado halbieren, Kern entfernen und das Fruchtfleisch aus den Schalen heben, dann in Streifen schneiden. Die Tomaten waschen und halbieren. Die Makrele in ca. 1 cm große Würfel schneiden. Den Mais in einem Sieb abbrausen und abtropfen lassen.

2. Für das Dressing Öl, Limettensaft, Salz und Pfeffer mischen. Knoblauch schälen und dazupressen. Zum Servieren den Feldsalat auf Schalen (Bowls) verteilen und Radieschen, Avocado, Tomaten, Makrele und Edamame nebeneinander darauflegen. Dressing darüberträufeln, den Mais darüberstreuen. Koriandergrün waschen, trocken tupfen, die Blätter abzupfen, grob hacken und die Bowls damit garnieren. Die Bowls lassen sich gut vorbereiten und mitnehmen. Sie können statt Mais auch eiweißreiche Nüsse oder Kerne darüberstreuen.

ITALIENISCHER EINTOPF MIT BOHNEN UND MANGOLD

vegan, laktosefrei, glutenfrei

Für 2 Personen
35 Min. Zubereitung
Nährwert pro Portion:
ca. 465 kcal | 18 g EW | 21 g F | 43 g KH

150 g vorwiegend festkochende Kartoffeln
1 Zwiebel
2 EL Olivenöl
1 TL glutenfreie Gemüsebrühe (Instant)
1 Fenchel (ca. 300 g)
350 g Mangold
2 TL getr. italien. Kräuter
300 g Dicke Bohnen (aus der Dose)
1 Dose stückige Tomaten (400 g)
1 EL Tomatenmark
1 EL glutenfreier Aceto balsamico
½ TL Agavendicksaft
30 g Pinienkerne
½ Zitrone
½ Bund Petersilie
Salz
Pfeffer

1. Die Kartoffeln schälen, waschen und ca. 3 cm groß würfeln. Die Zwiebel schälen und fein würfeln. Beides in einem großen Topf im Öl in ca. 5 Min. leicht anbraten, dann ca. 200 ml Wasser dazugießen und die Brühe dazugeben. Alles zugedeckt bei kleiner Hitze ca. 10 Min. köcheln lassen.

2. Inzwischen den Fenchel putzen, waschen, längs vierteln und den harten Strunk entfernen. Den Fenchel in Scheiben schneiden. Den Mangold putzen, waschen und die Blätter von den Stielen trennen, die Stiele in Scheiben, die Blätter in Streifen schneiden. Fenchel, Mangold und italienische Kräuter zu den Kartoffeln geben und alles noch ca. 10 Min. garen.

3. Die Bohnen in einem Sieb abbrausen und abtropfen lassen, dann mit Tomatenstücken, Tomatenmark, Essig und Agavendicksaft zum Gemüse geben, alles gründlich verrühren und noch ca. 5 Min. garen.

4. Die Pinienkerne in einer beschichteten Pfanne ohne Fett bei kleiner Hitze ca. 5 Min. leicht rösten. Herausnehmen und abkühlen lassen. Die Zitrone auspressen. Die Petersilie waschen, trocken tupfen, die Blätter abzupfen und einige zum Garnieren beiseitelegen, den Rest fein hacken.

5. Zum Servieren die Petersilie unter das Gemüse mischen. Den Eintopf mit Salz und Pfeffer würzen und auf tiefe Teller verteilen. Mit Zitronensaft beträufeln und mit der beiseitegelegten Petersilie und den Pinienkernen bestreuen.

CREMIGE TOMATENSUPPE MIT BASILIKUM

vegetarisch

Für 2 Personen
35 Min. Zubereitung
Nährwert pro Portion:
ca. 195 kcal | 10 g EW | 8 g F | 19 g KH

½ Zwiebel
½ Möhre
½ große mehligkochende Kartoffel
50 g Knollensellerie
375 g Tomaten
1–2 Stängel Petersilie
1 EL Olivenöl
1 EL Dinkelmehl (Type 630)
75 ml Milch (1,5 % Fett)
½ TL Gemüsebrühe (Instant)
200 g Seidentofu
einige Basilikumblätter zum Garnieren

1. Die Zwiebel schälen und fein würfeln. Möhre und Kartoffel putzen, schälen und klein würfeln. Den Sellerie putzen, schälen und klein würfeln. Die Tomaten waschen und vierteln, dabei die Stielansätze entfernen. Die Petersilie waschen, trocken tupfen, die Blätter abzupfen und fein hacken.

2. Zwiebel, Möhre, Kartoffel und Sellerie in einem Topf im Öl 3–4 Min. andünsten. Mehl, Tomatenwürfel und Petersilie hinzufügen und alles zugedeckt bei mittlerer Hitze ca. 20 Min. garen. Anschließend Milch, 75 ml Wasser und Brühe hinzufügen und gut unterrühren. Alles im Topf mit dem Pürierstab fein pürieren.

3. Zum Servieren den Seidentofu untermixen und alles nochmals kurz erwärmen, nicht mehr kochen lassen. Die Suppe auf tiefe Teller oder Schalen verteilen und mit Basilikum garnieren. Dazu passt pro Person eine Scheibe Hafer-Dinkel-Brot (s. S. 74) mit Mandeln.

MÖHREN-KOKOS-SUPPE MIT ZUCKERSCHOTEN

vegetarisch, glutenfrei

Für 2 Personen
25 Min. Zubereitung
Nährwert pro Portion:
ca. 240 kcal | 8 g EW | 17 g F | 13 g KH

375 g Möhren
½ Zwiebel
1 EL Rapsöl
Salz
Pfeffer
400 ml heißes Wasser
1 ½ TL glutenfreie Gemüsebrühe (Instant)
25 g Kokosnusscreme (aus dem Bioladen)
50 g Zuckerschoten
½ Bund Koriandergrün
200 g Seidentofu

1. Die Möhren putzen, schälen und grob würfeln. Zwiebel schälen und fein würfeln. Beides in einem Topf im Öl andünsten, leicht salzen und pfeffern. Das heiße Wasser mit der Brühe hinzufügen und die Kokoscreme unterrühren. Alles zugedeckt aufkochen und bei kleiner Hitze ca. 20 Min. garen.

2. Inzwischen die Zuckerschoten putzen, waschen und längs in feine Streifen schneiden. In einem Topf in kochendem Salzwasser ca. 1 Min. blanchieren, in ein Sieb abgießen, kalt abschrecken und abtropfen lassen. Das Koriandergrün waschen, trocken tupfen und die Blätter abzupfen.

3. Die Suppe im Topf mit dem Pürierstab fein pürieren, mit dem Seidentofu verfeinern und mit Salz und Pfeffer abschmecken. Zum Servieren auf tiefe Teller oder Schalen verteilen und mit Zuckerschoten und Koriandergrün garnieren. Dazu passt pro Person eine Scheibe Hafer-Dinkel-Brot (s. S. 74).

KÜRBIS-LINSEN-SUPPE MIT SHRIMPS

laktosefrei, glutenfrei

Für 2 Personen
30 Min. Zubereitung
Nährwert pro Portion:
ca. 370 kcal | 19 g EW | 18 g F | 38 g KH

300 g Hokkaido-Kürbis (ersatzweise Butternuss-Kürbis)
100 g Möhren
1 Stück Ingwer (3 cm lang)
1 Zwiebel
1 Knoblauchzehe
2 EL Rapsöl
25 g rote Linsen
400 ml glutenfreie Gemüsebrühe
2 TL gemahlene Kurkuma
¼ TL Cayennepfeffer
Salz
Pfeffer
2 EL Sonnenblumenkerne
100 g rohe Shrimps (küchenfertig; frisch oder TK)
2 EL gehackter Kerbel

1. Den Kürbis putzen, waschen und die Kerne mit einem Löffel entfernen, den Kürbis grob schneiden. Möhren und Ingwer putzen, schälen und in Stücke schneiden. Zwiebel und Knoblauch schälen, fein würfeln und in einem Topf in 1 EL Öl andünsten. Kürbis, Möhren und Ingwer hinzufügen. Die Linsen in einem Sieb abbrausen und dazugeben, die Brühe dazugießen. Alles aufkochen und zugedeckt bei kleiner Hitze ca. 15 Min. köcheln lassen. Anschließend mit Kurkuma und Cayennepfeffer würzen. Den Topf vom Herd nehmen und alles mit dem Pürierstab fein pürieren, mit Salz und Pfeffer würzen. Die Sonnenblumenkerne in einer beschichteten Pfanne ohne Fett leicht rösten. Herausnehmen und abkühlen lassen.

2. Die Shrimps waschen, trocken tupfen (TK-Ware rechtzeitig auftauen lassen, Flüssigkeit abgießen) und in einer Pfanne im übrigen Öl auf jeder Seite ca. 2 Min. braten, salzen und pfeffern. Die Suppe auf Schalen verteilen und die Shrimps daraufsetzen, mit Sonnenblumenkernen und Kerbel bestreuen.

SPARGELSUPPE MIT SCHINKENWÜRFELN

glutenfrei

Für 2 Personen
30 Min. Zubereitung
Nährwert pro Portion:
ca. 335 kcal | 16 g EW | 19 g F | 23 g KH

150 g mehligkochende Kartoffeln
2 Schalotten
500 g weißer Spargel
2 EL Rapsöl
200 ml Milch (3,5 % Fett)
250 ml glutenfreie Gemüsebrühe
½ Bund Petersilie
¼ Bund Kerbel
abgeriebene Schale und Saft von ½ Bio-Zitrone
Pfeffer
frisch geriebene Muskatnuss
60 g Katenschinken (am Stück)

1. Die Kartoffeln schälen, waschen und klein würfeln. Die Schalotten schälen und fein würfeln. Den Spargel waschen, schälen und holzige Enden entfernen. Die Stangen in ca. 5 cm breite Stücke schneiden, die Spargelspitzen beiseitelegen.

2. Kartoffeln und Schalotten in einem Topf im Öl bei mittlerer Hitze ca. 3 Min. andünsten. Den Spargel hinzufügen, Milch und Brühe dazugießen. Alles aufkochen und zugedeckt bei mittlerer Hitze ca. 12 Min. garen. Inzwischen Kräuter waschen, trocken tupfen, grob zerkleinern und zur Suppe geben. Den Topf vom Herd nehmen und alles mit dem Pürierstab fein pürieren. Die Suppe wieder auf den Herd stellen und die Spargelspitzen darin ca. 3 Min. köcheln lassen.

3. Zum Servieren die Suppe mit Zitronensaft und -schale, Pfeffer und Muskatnuss würzen. Den Schinken fein würfeln. Die Suppe auf tiefe Teller oder Schalen verteilen und mit dem Schinken bestreuen.

BLUMENKOHLCURRY MIT SÜSSKARTOFFELN UND KICHERERBSEN

vegan, laktosefrei, glutenfrei

Für 2 Personen
30 Min. Zubereitung
Nährwert pro Portion:
ca. 405 kcal | 13 g EW | 15 g F | 50 g KH

1 Zwiebel
1 Stück Ingwer (ca. 2 cm)
1 Knoblauchzehe
½ Bio-Zitrone
1 kleiner Blumenkohl (ca. 500 g)
1 kleine Süßkartoffel (ca. 150 g)
2 EL geröstetes Sesamöl
1 TL gemahlene Kurkuma
1 TL gemahlener Koriander
1 TL Senfkörner
1 TL Chilipulver
1 Dose Kokosmilch (400 ml)
200 g Kichererbsen (aus der Dose)
Salz
Pfeffer
2–3 Stängel Koriandergrün

1. Die Zwiebel schälen und fein würfeln. Den Ingwer schälen und auf der Ingwerreibe fein reiben (alternativ sehr fein hacken). Den Knoblauch schälen und durch die Knoblauchpresse drücken. Die Zitrone heiß waschen, abtrocknen und die Schale fein abreiben, die Zitrone auspressen. Den Blumenkohl putzen, waschen und in Röschen teilen. Die Süßkartoffel putzen, mit der Gemüsebürste gründlich waschen und würfeln.

2. Das Öl in einem großen Topf erhitzen und Zwiebel, Ingwer und Knoblauch darin bei mittlerer Hitze anbraten. Zitronenschale, Kurkuma, Koriander, Senfkörner und Chili dazugeben und alles 3–4 Min. leicht anbraten. Den Blumenkohl zur Gewürzmischung geben, ebenso die Süßkartoffeln mit der Kokosmilch hinzufügen. Alles zugedeckt ca. 15 Min. köcheln lassen, dabei ab und zu umrühren.

3. Inzwischen die Kichererbsen in einem Sieb abbrausen und abtropfen lassen, dann zum Curry geben und noch ca. 5 Min. garen. Zuletzt den Zitronensaft mit Salz und Pfeffer zum Curry geben und abschmecken.

4. Zum Servieren das Koriandergrün waschen, trocken tupfen und die Blätter abzupfen. Das Curry auf tiefe Teller oder Schalen verteilen und mit dem Koriander garnieren.

TIPP: Indische Currys können Sie nach Lust und Laune zusammenstellen. Wer an Diabetes leidet, sollte dabei immer darauf achten, dass nicht zu viele Kohlenhydrate darin sind. In diesem Fall reichen Süßkartoffeln und Hülsenfrüchte bereits aus, Reis als Beilage ist nicht nötig. So wird aus dem Curry ein proteinreiches Gericht, das die Bauchspeicheldrüse schont.

BOHNENPFANNE MIT TOFU UND CASHEWKERNEN

vegan, laktosefrei, glutenfrei

Für 2 Personen
30 Min. Zubereitung
Nährwert pro Portion:
ca. 515 kcal | 25 g EW | 34 g F | 25 g KH

300 g Tofu
1 Knoblauchzehe
1 TL gemahlene Kurkuma
1 TL edelsüßes Paprikapulver
3 EL Olivenöl
Salz
Pfeffer
1 rote Zwiebel
400 g grüne Bohnen (frisch oder TK)
1 EL glutenfreier Aceto balsamico bianco
40 g Cashewkerne
2 EL gehackte Petersilie

1. Den Tofu ca. 2 cm groß würfeln und in eine Schüssel geben. Den Knoblauch schälen und zum Tofu pressen, mit Kurkuma, Paprikapulver und 2 EL Öl gut untermischen. Mit Salz und Pfeffer würzen und kurz ziehen lassen.

2. Die Zwiebel schälen und fein würfeln. Die grünen Bohnen putzen und waschen (TK-Ware rechtzeitig auftauen lassen). Die Zwiebel in einer Pfanne im übrigen Öl bei mittlerer Hitze leicht anbraten. Die Bohnen dazugeben und zugedeckt ca. 10 Min. garen, dabei ab und zu umrühren.

3. Den Tofu samt Würzöl zu den Bohnen hinzufügen und alles noch ca. 10 Min. braten, bis Tofu und Bohnen leicht gebräunt sind. Mit dem Essig ablöschen. Die Cashewkerne in einer beschichteten Pfanne ohne Fett leicht rösten, herausnehmen und abkühlen lassen. Zum Servieren die Bohnen-Tofu-Pfanne auf Teller verteilen und mit Cashewkernen und Petersilie bestreuen.

GEBACKENER SPARGEL MIT TOMATEN UND PESTO

vegetarisch, glutenfrei

Für 2 Personen
15 Min. Zubereitung
20 Min. Garen
Nährwert pro Portion:
ca. 235 kcal | 11 g EW | 6 g F | 29 g KH

400 g Spargel (grün oder weiß oder gemischt)
250 g Kirschtomaten
1 kleine Chilischote (ersatzweise ½ TL Chilipulver)
abgeriebene Schale und Saft von ½ Bio-Zitrone
4 TL Basilikumpesto
250 g Kichererbsen (aus der Dose)
Salz
Pfeffer

1. Den Backofen auf 180° vorheizen. Den Spargel waschen, (grünen nur im unteren Drittel) schälen und die holzigen Enden entfernen. Die Stangen ggf. halbieren. Die Tomaten waschen und mit dem Spargel in eine große Schüssel geben.

2. Die Chilischote waschen, halbieren, weiße Trennwände und Kerne entfernen. Die Chilischote sehr fein hacken und mit Zitronenschale und Pesto zum Spargel-Mix geben.

3. Die Kichererbsen in einem Sieb abbrausen, kurz abtropfen lassen und ebenfalls in die Schüssel geben, alles gründlich mischen. Die Mischung auf einem Backblech verteilen und im Ofen (Mitte) ca. 20 Min. garen, dabei nach ca. 10 Min. alles einmal wenden. Zum Servieren aus dem Ofen nehmen, auf Teller verteilen und mit Zitronensaft beträufeln.

GEMÜSEQUICHE MIT SCHMANDGUSS

vegetarisch

Für 1 Springform
(28 cm ∅; 10 Stücke)
20 Min. Zubereitung
42 Min. Backen
Nährwert pro Stück:
ca. 330 kcal | 12 g EW | 24 g F | 17 g KH

200 g Dinkelmehl (Type 1 050)
50 g Mandelmehl (teilentölt)
125 g kalte Butter
4 Eier (M)
Salz
1 große Zwiebel
150 g Zucchini
150 g Möhren
150 g rote Paprika
250 g Champignons
2 EL Rapsöl
200 g Schmand
100 g geriebener Gouda (48 % Fett)
2 EL gehackte Petersilie (frisch oder TK)
Pfeffer
weiche Butter für die Form
Mehl für die Form und Arbeitsfläche

1. Den Backofen auf 180° vorheizen. Die Form mit Butter einfetten und mit Mehl leicht ausstäuben. Für den Mürbeteig beide Mehlsorten, kalte Butter in Würfeln, 1 Ei, 1 Prise Salz und 2 EL Wasser glatt verkneten. Den Teig auf der leicht bemehlten Arbeitsfläche mit dem Nudelholz etwas größer als die Form ausrollen und die Form damit so auskleiden, dass ein ca. 3 cm hoher Rand entsteht. Den Teig mit einer Gabel mehrmals einstechen und im Ofen (Mitte) ca. 12 Min. vorbacken. Herausnehmen und auf einem Kuchengitter beiseitestellen.

2. Inzwischen für den Belag die Zwiebel schälen und fein würfeln. Die Zucchini putzen, waschen und ca. 1 cm groß würfeln. Die Möhren putzen, schälen und klein würfeln. Die Paprika waschen, halbieren, weiße Trennwände und Kerne entfernen, Paprika klein würfeln. Die Pilze putzen, bei Bedarf mit einem Tuch abreiben und in dünne Scheiben schneiden.

3. Die Zwiebel in einer Pfanne im Öl andünsten. Das Gemüse hinzufügen und alles bei mittlerer Hitze mehrere Minuten mitdünsten. Übrige Eier verquirlen, dann Schmand, 50 g Gouda und Petersilie unterrühren, den Guss mit Salz und Pfeffer würzen.

4. Das Gemüse auf dem vorgebackenen Teig verteilen und den Eierguss darübergeben, den übrigen Gouda darüberstreuen. Die Quiche im Ofen (Mitte) ca. 30 Min. backen. Herausnehmen und auf einem Kuchengitter kurz abkühlen lassen. Zum Servieren in Stücke schneiden.

VEGETARISCHE MINI-FRITTATAS MIT BASILIKUM-SALSA

vegetarisch, glutenfrei

Für 2 Personen
35 Min. Zubereitung
25 Min. Backen
Nährwert pro Portion:
ca. 165 kcal | 8 g EW | 12 g F | 5 g KH

40 g Spaghetti aus roten Linsen
Salz
1 große Frühlingszwiebel
½ rote Paprika
1 ½ EL Rapsöl
1 ½ Knoblauchzehen
20 g TK-Erbsen
3 Eier (S)
4 EL Milch (1,5 % Fett)
1 TL getr. Oregano
Pfeffer
50 g Schafskäse (z. B. Feta)
25 g Pinienkerne
50 g Basilikum
3 EL Olivenöl
30 g geriebener Parmesan
8 Muffin-Papierförmchen

1. Den Backofen auf 200° (Umluft) vorheizen. Die Mulden der Form mit Papierförmchen auslegen. Die Pasta nach Packungsanweisung in leicht gesalzenem Wasser bissfest garen (Achtung, das geht bei Hülsenfrüchte-Pasta rasch!). In ein Sieb abgießen, kalt abschrecken und abtropfen lassen.

2. Inzwischen die Frühlingszwiebel putzen, waschen und in dünne Ringe schneiden. Die Paprika waschen, weiße Trennwände und Kerne entfernen, die Paprikahälften klein würfeln. Beides in einer Pfanne im Rapsöl andünsten. 1 Knoblauchzehe schälen und dazupressen. Dann gegarte Nudeln und Erbsen hinzufügen und kurz mitdünsten, alles vom Herd nehmen und beiseitestellen. Die Eier mit Milch, Oregano, Salz und Pfeffer gründlich verquirlen.

3. Den Gemüse-Nudel-Mix auf acht Muffinmulden verteilen und die Eiermischung darübergießen. Jede Mulde mit Feta überkrümeln. Die Frittatas im Ofen (Mitte) 20–25 Min. backen. Herausnehmen und auf einem Kuchengitter kurz abkühlen lassen.

4. Währenddessen für die Salsa die Pinienkerne in einer beschichteten Pfanne ohne Fett leicht rösten, herausnehmen und abkühlen lassen. Basilikum waschen und trocken tupfen. Übrigen Knoblauch schälen und grob würfeln. Pinienkerne, Basilikum, Knoblauch und Olivenöl in einen hohen Rührbecher geben und mit dem Pürierstab fein pürieren. Parmesan unterrühren, die Salsa mit 1 Prise Salz abschmecken.

5. Zum Servieren die Frittatas aus den Mulden lösen und auf Teller setzen. Die Salsa dazureichen.

ROMANESCO-TOPINAMBUR-GRATIN

vegetarisch

Für 2 Personen
25 Min. Zubereitung
15 Min. Backen
Nährwert pro Portion:
ca. 430 kcal | 22 g EW | 25 g F | 29 g KH

1 Romanesco (ca. 450 g)
250 g Topinambur (ersatzweise Pastinake)
Salz
2 EL Dinkelmehl (Type 630)
250 ml Milch (1,5 % Fett)
75 g geriebener Gouda (48 % Fett)
frisch geriebene Muskatnuss
Pfeffer
1 Knoblauchzehe
1 EL Schnittlauchröllchen (frisch oder TK)
2 EL Haferflocken
2 EL Rapsöl
1 EL Zitronensaft
½ TL Chiliflocken
Fett für die Form

1. Den Backofen auf 200° vorheizen. Eine kleine Auflaufform (ca. 18 × 27 cm) einfetten. Den Romanesco putzen, waschen und in Röschen teilen (den Strunk anderweitig verwenden). Die Topinambur putzen, schälen und in Scheiben schneiden. Beides in leicht gesalzenem Wasser 2–3 Min. blanchieren. In ein Sieb abgießen, kalt abschrecken und gut abtropfen lassen.

2. Das Mehl mit wenig Wasser glatt rühren. In einem Topf Milch und 150 ml Wasser aufkochen, Mehl-Mix nach und nach einrühren, bis die Sauce andickt. 50 g Käse unterrühren, mit Muskatnuss, Salz und Pfeffer würzen, vom Herd nehmen.

3. Den Knoblauch schälen, fein würfeln und mit Schnittlauch und Haferflocken mischen. Öl und Zitronensaft hinzufügen, mit je 1 Prise Salz und Chili würzen. Romanesco und Topinambur in der Form verteilen, die Sauce darübergeben und alles mit Flocken-Mix und übrigem Käse bestreuen. Das Gratin im Ofen (Mitte) ca. 15 Min. backen. Herausnehmen und servieren.

GEBACKENER ROSENKOHL MIT ZIEGENKÄSECREME

vegetarisch, glutenfrei

Für 2 Personen
15 Min. Zubereitung
20 Min. Backen

Nährwert pro Portion:
ca. 485 kcal | 31 g EW | 24 g F | 32 g KH

600 g Rosenkohl
1 rote Zwiebel
200 g vorwiegend festkochende Kartoffeln
1 EL Olivenöl
Salz
½ TL rosenscharfes Paprikapulver
Pfeffer
1 ½ EL heller Sesam
150 g Ziegenfrischkäse (45 % Fett i. Tr.)
150 g Quark (20 % Fett)
½ TL Chiliflocken
½ Bio-Zitrone
½ Bund Petersilie

1. Den Backofen auf 175° vorheizen. Ein Backblech mit Backpapier belegen. Den Rosenkohl putzen, waschen und die Strünke kreuzweise einschneiden. Die Zwiebel schälen und in Ringe schneiden. Die Kartoffeln putzen, gründlich waschen und längs in feine Scheiben schneiden, mit Öl, etwas Salz und Paprikapulver mischen. Rosenkohl und Zwiebel mischen und mit Pfeffer würzen. Kartoffeln und Rosenkohl auf dem Blech verteilen, mit Sesam bestreuen und im Ofen (Mitte) ca. 20 Min. garen.

2. Währenddessen Frischkäse und Quark in einer Schüssel verrühren und mit Chili würzen. Zitrone heiß waschen, abtrocknen und die Schale fein abreiben, die Zitrone auspressen. Zitronensaft und -schale zum Quark-Mix geben. Petersilie waschen, trocken tupfen, Blätter abzupfen und fein hacken.

3. Zum Servieren die Ziegenkäsecreme auf Teller verteilen und mit der Petersilie bestreuen. Rosenkohl und Kartoffeln aus dem Ofen nehmen und daraufsetzen.

BOHNENPIZZA MIT SPINAT UND MOZZARELLA

vegetarisch

Für 2 Personen
20 Min. Zubereitung
30 Min. Backen
Nährwert pro Portion:
ca. 580 kcal | 30 g EW | 27 g F | 53 g KH

200 g weiße Bohnen (aus dem Glas)
100 g Vollkorn-Dinkelmehl
2 EL Olivenöl
Salz
150 g braune Champignons
1 kleine rote Zwiebel
1 Knoblauchzehe
10 grüne Oliven (entsteint)
1 Kugel Mozzarella (ca. 125 g)
200 g passierte Tomaten (aus dem Glas)
2 TL getr. Oregano
75 g Baby-Blattspinat
Pfeffer

1. Den Backofen auf 180° vorheizen. Ein Backblech mit Backpapier belegen. Die Bohnen in einem Sieb abbrausen und kurz abtropfen lassen, danach in einer Rührschüssel mit dem Pürierstab fein pürieren. Mehl, Öl und etwas Salz dazugeben und alles mit den Knethaken des Handrührgeräts kompakt verkneten. Anschließend den Teig noch kurz mit den Händen kneten und, falls nötig, noch etwas Wasser hinzufügen.

2. Den Teig auf dem Blech mit dem Nudelholz dünn zu einem Kreis (ca. 30 cm ∅) ausrollen und im Ofen (Mitte) ca. 10 Min. vorbacken. Herausnehmen und auf einem Kuchengitter beiseitestellen.

3. Währenddessen die Pilze putzen, bei Bedarf mit einem Tuch abreiben und in dünne Scheiben schneiden. Die Zwiebel schälen, halbieren und in feine Streifen schneiden. Den Knoblauch schälen und fein hacken. Die Oliven halbieren. Den Mozzarella vorsichtig etwas ausdrücken und in dünne Scheiben schneiden.

4. Den Pizzaboden mit den passierten Tomaten bestreichen und mit Oregano bestreuen. Dann mit Pilzen, Zwiebel, Knoblauch, Oliven und Mozzarella belegen, nach Belieben mit Salz und Pfeffer würzen. Die Pizza im Ofen (Mitte) in ca. 20 Min. fertigbacken.

5. Inzwischen den Spinat verlesen, waschen und trocken schleudern. Die Pizza aus dem Ofen nehmen und in vier Stücke schneiden. Zum Servieren auf jeden Teller zwei Stücke legen und mit dem Spinat belegen.

KNUSPRIGE KOHLRABISCHNITZEL MIT JOGHURTDIP

vegetarisch

Für 2 Personen
40 Min. Zubereitung
Nährwert pro Portion:
ca. 320 kcal | 10 g EW | 17 g F | 32 g KH

½ Schalotte
½ Bund Frühlingskräuter (z. B. Bärlauch oder Liebstöckel)
3 EL Rapsöl
100 g Joghurt (1,5 % Fett)
etwas Zitronensaft
Salz
Pfeffer
2 Kohlrabis
1 Eiweiß (M)
6 EL Vollkorn-Semmelbrösel
½ TL edelsüßes Paprikapulver

1. Die Schalotte schälen und fein würfeln. Die Kräuter waschen, trocken tupfen, die Blätter abzupfen und fein hacken. Schalotte, Kräuter und 1 EL Öl mit dem Joghurt verrühren, den Dip mit Zitronensaft, Salz und Pfeffer würzen.

2. Die Kohlrabis putzen, schälen und in ca. 5 mm dünne Scheiben schneiden. In einem Topf in leicht gesalzenem Wasser ca. 3 Min. dünsten, herausnehmen und abtropfen lassen. Das Eiweiß in einem tiefen Teller verquirlen, salzen und pfeffern. Semmelbrösel und Paprikapulver auf einem Teller mischen.

3. Die Kohlrabischeiben nacheinander erst durch das verquirlte Eiweiß ziehen, dann in der Panade wenden. Das übrige Öl in einer Pfanne erhitzen und die Schnitzel darin portionsweise auf jeder Seite goldbraun ausbacken. Herausnehmen und auf Küchenpapier abtropfen lassen, mit dem Joghurtdip servieren.

PAPRIKA-ZUCCHINI-REISPFANNE MIT FETA

vegetarisch, glutenfrei

Für 2 Personen
45 Min. Zubereitung
Nährwert pro Portion:
ca. 330 kcal | 15 g EW | 16 g F | 31 g KH

50 g Naturreis
1 ½ TL glutenfreie Gemüsebrühe (Instant)
1 Zwiebel
1 Knoblauchzehe
1 Zucchini
1 rote Paprika
1 gelbe Paprika
2 große Tomaten
100 g Schafskäse (z. B. Feta)
1 EL Rapsöl
2 EL gehackte Petersilie (frisch oder TK)
Salz
Pfeffer

1. Den Naturreis nach Packungsanweisung in Wasser mit ½ TL Brühe weich garen. In ein Sieb abgießen und abtropfen lassen. Inzwischen die Zwiebel schälen und fein würfeln. Den Knoblauch schälen und durchpressen. Die Zucchini putzen und waschen, die Paprika waschen, halbieren, weiße Trennwände und Kerne entfernen, Zucchini und Paprika in feine Streifen schneiden. Die Tomaten waschen und klein würfeln, dabei die Stielansätze entfernen. Den Feta würfeln.

2. Die Zwiebel in einer großen Pfanne im Öl andünsten. Knoblauch, Zucchini und Paprika dazugeben und kurz mitdünsten, 250 ml Wasser und übrige Brühe hinzufügen. Die Tomaten dazugeben und alles bei mittlerer Hitze ca. 25 Min. garen, dabei in den letzten 5 Min. auch den Feta mitgaren.

3. Zum Servieren den Naturreis und die Petersilie unter das Gemüse mischen. Die Gemüsepfanne mit Salz und Pfeffer abschmecken und auf Teller verteilen.

PANIERTE ZUCCHINISPALTEN MIT JOGHURT-PESTO-DIP

vegetarisch, glutenfrei

Für 2 Personen
20 Min. Zubereitung
20 Min. Backen
Nährwert pro Portion:
ca. 780 kcal | 33 g EW | 64 g F | 6 g KH

2 große Zucchini
100 g gemahlene geschälte Mandeln
75 g geriebener Parmesan
1 Prise gemahlene Kurkuma
1 TL italien. Kräuter (TK oder getr.)
Salz
Pfeffer
1 Ei (M)
20 g Pinienkerne
50 g Basilikum
½ Knoblauchzehe
3 EL Olivenöl
150 g Joghurt (1,5 % Fett)

1. Den Backofen auf 220° (Umluft) vorheizen. Ein Backblech mit Backpapier belegen.

2. Die Zucchini putzen, waschen und längs vierteln. Die Mandeln mit 50 g Parmesan, Kurkuma und Kräutern auf einem Teller mischen und mit etwas Salz und Pfeffer würzen. Das Ei in einem tiefen Teller gründlich verquirlen. Die Zucchinispalten erst durch das Ei ziehen, dann im Mandel-Parmesan-Mix panieren, dabei die Panade leicht andrücken, damit sie haften bleibt. Die Spalten nebeneinander auf dem Blech verteilen und im Ofen (Mitte) in 15–20 Min. knusprig backen.

3. Inzwischen die Pinienkerne in einer beschichteten Pfanne ohne Fett bei kleiner Hitze ca. 5 Min. leicht rösten, herausnehmen und abkühlen lassen. Das Basilikum waschen und gut trocken tupfen. Den Knoblauch schälen und grob würfeln. Pinienkerne, Basilikum, Knoblauch und Öl in einem hohen Rührbecher mit dem Pürierstab fein pürieren. Den übrigen Parmesan unterrühren und das Pesto mit 1 Prise Salz würzen.

4. Zum Servieren für den Dip das Pesto mit dem Joghurt verrühren, salzen und pfeffern. Die Zucchinispalten aus dem Ofen nehmen und auf Teller verteilen, den Dip dazureichen.

TIPP: Es müssen nicht immer Semmelbrösel aus Weißbrötchen sein! Hier werden die Zucchinispalten mit einem Mix aus gemahlenen Mandeln sowie fein geriebenem Parmesan umhüllt – das Ergebnis ist eine knusprige Panade mit deutlich mehr Protein. Genauso könnte man auch Haferflocken oder Kokosraspel feiner mahlen und zum Panieren verwenden.

GEDÄMPFTES GEMÜSE MIT WEISSE-BOHNEN-HUMMUS

vegan, laktosefrei, glutenfrei

Für 2 Personen
30 Min. Zubereitung
Nährwert pro Portion:
ca. 485 kcal | 16 g EW | 33 g F | 28 g KH

2 kleine Möhren
200 g grüne Bohnen (frisch oder TK)
1 kleiner Fenchel
Salz
300 g weiße Bohnen (aus der Dose)
2 EL helles Tahin (Sesampaste)
1 Knoblauchzehe
½ Zitrone
3–4 EL Olivenöl
1 TL gemahlener Kreuzkümmel
Pfeffer
1 EL heller Sesam
3 Stängel Petersilie

1. Die Möhren mit der Gemüsebürste gründlich waschen und längs halbieren. Grüne Bohnen putzen und waschen (TK-Ware rechtzeitig auftauen lassen). Den Fenchel putzen, waschen, halbieren und den harten Strunk entfernen, Fenchel in dünne Scheiben schneiden.

2. Möhren, grüne Bohnen und Fenchel mit etwas Salz in einen Dämpfeinsatz geben. In einem Topf ausreichend Wasser aufkochen und den Dämpfeinsatz hineinstellen. Das Gemüse zugedeckt ca. 15 Min. garen. (Wer keinen Dämpfeinsatz hat, kann auch ein hitzefestes Sieb in den Topf stellen.)

3. Inzwischen für den Hummus die weißen Bohnen in einem Sieb abbrausen und abtropfen lassen. Mit dem Tahin in einen hohen Rührbecher geben. Den Knoblauch schälen, vierteln und hinzufügen. Die Zitrone auspressen, den Saft mit 2 EL Öl, Kreuzkümmel, etwas Salz und Pfeffer zu den Bohnen geben und alles mit dem Pürierstab fein pürieren.

4. Den Sesam in einer beschichteten Pfanne ohne Fett bei kleiner Hitze ca. 5 Min. leicht rösten. Herausnehmen und abkühlen lassen. Die Petersilie waschen, trocken tupfen, die Blätter abzupfen und grob hacken.

5. Zum Servieren das Gemüse auf Teller verteilen und den Hummus danebensetzen. Alles mit Sesam und Petersilie garnieren und mit dem restlichen Öl beträufeln.

LINSENNUDELN MIT KÜRBIS UND MANDELSAHNE

vegan, laktosefrei, glutenfrei

Für 2 Personen
30 Min. Zubereitung
Nährwert pro Portion:
ca. 450 kcal | 17 g EW | 24 g F | 44 g KH

1 Zwiebel
½ kleiner Hokkaido-Kürbis (ca. 200 g; ersatzweise Butternuss-Kürbis)
1 Möhre
1 EL Olivenöl
1 TL getr. Oregano
80 g Nudeln aus roten Linsen (ersatzweise aus Kichererbsen oder Erbsen)
Salz
2 EL helles Mandelmus
100 g Sojacuisine
Saft von ½ Zitrone
½ TL edelsüßes Paprikapulver
Pfeffer
2 EL gehackte Petersilie
Kräutersalz

1. Die Zwiebel schälen und fein würfeln. Den Kürbis putzen, waschen und die Kerne mit einem Löffel entfernen, Kürbisfleisch würfeln. Die Möhre mit der Gemüsebürste gründlich waschen, längs halbieren und in dünne Scheiben schneiden. Die Zwiebel in einer großen Pfanne im Öl bei mittlerer Hitze glasig dünsten, Kürbis und Möhre dazugeben und 3–4 Min. leicht anbraten. 100 ml Wasser dazugießen und alles zugedeckt noch ca. 15 Min. garen, ab und zu umrühren. Mit Oregano würzen.

2. Inzwischen die Nudeln nach Packungsanweisung in leicht gesalzenem Wasser bissfest garen (Achtung, das geht bei Hülsenfrüchte-Pasta rasch!). In ein Sieb abgießen, kalt abbrausen und abtropfen lassen. Mandelmus, Sojacuisine und Zitronensaft verrühren, mit Paprikapulver, Salz und Pfeffer abschmecken. Falls nötig, noch etwas Wasser hinzufügen. Zum Servieren Nudeln, Sauce und Petersilie unter das Kürbisgemüse rühren und alles noch 2–3 Min. garen. Die Pasta mit Kräutersalz und Pfeffer abschmecken und auf tiefe Teller verteilen.

KARTOFFEL-ERBSEN-STAMPF MIT ROSENKOHL

vegan, glutenfrei

Für 2 Personen
45 Min. Zubereitung
20 Min. Garen

Nährwert pro Portion:
ca. 400 kcal | 20 g EW | 21 g F | 33 g KH

250 g mehligkochende Kartoffeln
Salz
250 g TK-Erbsen
500 g Rosenkohl
1 EL Olivenöl
abgeriebene Schale und Saft von ½ Bio-Zitrone
Salz
Pfeffer
1 EL Butter
1 EL Cashew-Mus
3 EL Sojacuisine
½ TL edelsüßes Paprikapulver
2 EL gehacktes Basilikum

1. Den Backofen auf 180° vorheizen. Die Kartoffeln schälen, vierteln und in 300–400 ml Salzwasser zugedeckt ca. 15 Min. garen. Die Erbsen auftauen lassen. Den Rosenkohl putzen, waschen und halbieren. Mit Öl, Zitronenschale, Salz und Pfeffer mischen und auf einem Backblech verteilen. Im Ofen (Mitte) ca. 20 Min. garen, dabei nach ca. 10 Min. wenden.

2. Nach ca. 15 Min. Garzeit die Erbsen zu den Kartoffeln geben und alles noch ca. 5 Min. garen. Die Butter hinzufügen, alles mit dem Kartoffelstampfer stampfen, mit Salz und Pfeffer würzen. Für die Sauce Zitronensaft und Cashew-Mus verrühren und nach und nach so viel Wasser dazugeben, bis eine cremige Konsistenz entstanden ist. Mit Paprikapulver, Salz und Pfeffer würzen.

3. Zum Servieren den Rosenkohl aus dem Ofen nehmen und mit dem Stampf auf Teller verteilen. Mit der Sauce beträufeln und mit Basilikum garnieren.

DRUMSTICKS MIT PESTO UND OFENGEMÜSE

glutenfrei

Für 2 Personen
20 Min. Zubereitung
35 Min. Garen
Nährwert pro Portion:
ca. 655 kcal | 65 g EW | 36 g F | 15 g KH

4 kleine Hähnchenunterschenkel (Drumsticks; à ca. 150 g)
3 EL rotes Pesto
1 Zwiebel
1 gelbe Paprika
1 rote Paprika
1 Zucchini
1 EL Olivenöl
150 g Joghurt (1,5 % Fett)
2 EL Zitronensaft
½ TL Chiliflocken
1 kleine Knoblauchzehe
bunter Pfeffer
Fett für die Form

1. Den Backofen auf 185° vorheizen. Eine große Auflaufform (ca. 26 × 36 cm) einfetten. Die Hähnchenschenkel rundum mit 2 EL Pesto einreiben und in die Form setzen. Die Zwiebel schälen und vierteln. Die Paprikas waschen, halbieren, weiße Trennwände und Kerne entfernen, Hälften grob schneiden. Die Zucchini putzen, waschen und in dicke Scheiben schneiden.

2. Das Gemüse mit Öl und übrigem Pesto mischen und zum Hähnchen in die Form setzen. Alles im Ofen (Mitte) ca. 35 Min. garen, dabei die Schenkel nach ca. 15 Min. wenden. Für die letzten 5 Min. Garzeit die Backofentemperatur auf 200° erhöhen. (Das Gericht lässt sich auch gut auf dem Grill zubereiten.)

3. Währenddessen Joghurt, Zitronensaft und Chiliflocken verrühren, den Knoblauch schälen und dazupressen. Den Dip mit Pfeffer abschmecken. Ofengemüse und Hähnchenkeulen aus dem Ofen nehmen und mit dem Dip auf Teller verteilen.

KOHLRABIGRATIN MIT PUTENSTREIFEN

glutenfrei

Für 2 Personen
20 Min. Zubereitung
20 Min. Garen
Nährwert pro Portion:
ca. 545 kcal | 56 g EW | 28 g F | 17 g KH

2 Kohlrabis
1 rote Zwiebel
250 g Putenbrustfilet
1 EL Rapsöl
1 rote Spitzpaprika
1 Ei (M)
200 ml Milch (1,5 % Fett)
2 Msp. frisch geriebene Muskatnuss
½ TL edelsüßes Paprikapulver
Salz
Pfeffer
100 g geriebener Emmentaler (45 % Fett i. Tr.)
¼ Bund Petersilie
Fett für die Form

1. Den Backofen auf 180° vorheizen. Eine große Auflaufform (ca. 26 × 36 cm) einfetten. Die Kohlrabis putzen, schälen und in Streifen schneiden. In einem kleinen Topf in wenig Wasser 7–8 Min. blanchieren, in ein Sieb abgießen und abtropfen lassen. Währenddessen die Zwiebel schälen und in Ringe schneiden. Das Putenfleisch in Streifen schneiden und mit der Zwiebel in einer Pfanne im Öl 2–3 Min. scharf anbraten.

2. Die Paprika waschen, halbieren, weiße Trennwände und Kerne entfernen, die Hälften in Ringe schneiden. Ei, Milch und Gewürze verquirlen, mit Fleisch, Paprika und Kohlrabi mischen und in der Auflaufform verteilen. Den Käse darüberstreuen und das Gratin im Ofen (Mitte) 15–20 Min. backen.

3. Zum Servieren die Petersilie waschen, trocken tupfen, die Blätter abzupfen und grob hacken. Das Gratin aus dem Ofen nehmen und auf Teller verteilen, mit der Petersilie garnieren.

STEAKS MIT KÜRBISPOMMES UND JOGHURTDIP

glutenfrei

Für 2 Personen
20 Min. Zubereitung
20 Min. Backen
Nährwert pro Portion:
ca. 555 kcal | 48 g EW | 26 g F | 38 g KH

2 Rindersteaks (Rumpsteaks; à ca. 180 g)
400 g Hokkaido-Kürbis
2 EL Olivenöl
½ TL Chiliflocken
1 TL edelsüßes Paprikapulver
Salz
250 g Salatgurke
2 Möhren
150 g Joghurt (1,5 % Fett)
Pfeffer
1 EL Schnittlauchröllchen (frisch oder TK)
½ Knoblauchzehe
1 EL Rapsöl

1. Den Backofen auf 160° (Umluft 140°) vorheizen. Ein Backblech mit Backpapier belegen. Die Steaks mindestens 10 Min. vor Zubereitung aus dem Kühlschrank nehmen und Zimmertemperatur annehmen lassen.

2. Den Kürbis putzen, waschen, halbieren und die Kerne mit einem Löffel entfernen. Kürbisfleisch in pommesähnliche Stifte schneiden. In einer Schüssel mit Olivenöl, Chiliflocken, Paprikapulver und etwas Salz mischen und kurz ziehen lassen.

3. Die Gurke putzen, waschen, 40 g für den Dip beiseitelegen. Die übrige Gurke in Sticks schneiden. Die Möhren putzen, schälen und ebenfalls in Sticks schneiden. Für den Dip Joghurt, Salz, Pfeffer und Schnittlauch mischen. 40 g Gurke fein raspeln und dazugeben. Knoblauch schälen und dazupressen.

4. Die Kürbispommes in der Schüssel nochmals wenden, auf dem Blech verteilen und im Ofen (Mitte) 15–20 Min. backen. Die Steaks in einer Pfanne im Rapsöl auf jeder Seite ca. 2 Min. scharf anbraten, auf ein zweites Backblech legen und noch 5–10 Min., je nach gewünschtem Gargrad, mitgaren. Danach die Steaks herausnehmen, auf Teller setzen und mit Salz und Pfeffer würzen, bis zum Servieren zugedeckt ruhen lassen.

5. Zum Servieren die Kürbispommes aus dem Ofen nehmen und auf die Teller zu den Steaks setzen. Die Gemüse-Sticks und den Joghurtdip dazureichen.

RINDERMEDAILLONS MIT TOPINAMBURPÜREE

glutenfrei

Für 2 Personen
30 Min. Zubereitung
Nährwert pro Portion:
ca. 355 kcal | 34 g EW | 16 g F | 19 g KH

350 g Topinambur
150 g mehligkochende Kartoffeln
Salz
2 Zweige Thymian
100 ml Milch (3,5 % Fett)
frisch geriebene Muskatnuss
Pfeffer
70 g Postelein (Portulak; ersatzweise Feldsalat)
1 EL Olivenöl
1 Msp. Chiliflocken
1 EL Zitronensaft
1 TL Butterschmalz
2 Rindermedaillons (à ca. 125 g)

1. Topinambur und Kartoffeln putzen, schälen und in kleine Würfel schneiden. In einem Topf mit 400 ml Salzwasser zugedeckt in ca. 15 Min. weich garen. Inzwischen den Thymian waschen, trocken tupfen, die Blätter abzupfen und fein hacken. Topinambur und Kartoffeln abgießen und mit dem Kartoffelstampfer zu einem glatten Püree verarbeiten. Die Milch hinzufügen und das Püree mit Muskat, Pfeffer, Thymian und Salz würzen, warm halten.

2. Postelein verlesen, waschen und trocken tupfen, in einer Schüssel mit Öl, Chili und Zitronensaft mischen. Das Fleisch in einer Pfanne im Butterschmalz auf jeder Seite in ca. 1 Min. scharf anbraten. Die Hitze reduzieren und das Fleisch, je nach Dicke und gewünschtem Gargrad, noch 3–5 Min. braten.

3. Zum Servieren das Püree auf Teller verteilen, die Medaillons daraufsetzen und mit Posteleinsalat garnieren.

GEFÜLLTE AUBERGINEN MIT HACKFLEISCH UND PILZEN

glutenfrei

Für 2 Personen
30 Min. Zubereitung
20 Min. Garen
Nährwert pro Portion:
ca. 515 kcal | 39 g EW | 32 g F | 16 g KH

200 g Champignons
1 Zwiebel
1 Knoblauchzehe
2 Auberginen (à ca. 250 g)
200 g Rinderhackfleisch
1 EL Olivenöl
2 EL glutenfreie zarte Haferflocken
200 g passierte Tomaten (aus dem Glas)
Salz
Pfeffer
75 g geriebener Emmentaler (45 % Fett i. Tr.)
½ Bund Petersilie
Fett für die Form

1. Den Backofen auf 185° vorheizen. Eine große Auflaufform (ca. 26 × 36 cm) einfetten. Pilze putzen, bei Bedarf mit einem Tuch abreiben und klein würfeln. Zwiebel und Knoblauch schälen und fein würfeln. Die Auberginen putzen, waschen, längs halbieren und das Innere mit einem Löffel aushöhlen, das Fruchtfleisch fein würfeln.

2. Zwiebel, Knoblauch und Hackfleisch in einer großen Pfanne im Öl in 2–3 Min. unter Rühren krümelig anbraten. Pilze, Auberginenwürfel, Flocken und passierte Tomaten hinzufügen und alles 3–4 Min. mitgaren. Mit Salz und Pfeffer würzen.

3. Die ausgehöhlten Auberginenhälften nebeneinander in die Form setzen, mit Pilz-Hack-Mischung füllen und mit Käse bestreuen. Im Ofen (Mitte) ca. 20 Min. garen. Inzwischen die Petersilie waschen, trocken tupfen, die Blätter abzupfen und fein hacken. Zum Servieren die Auberginen aus dem Ofen nehmen, auf Teller setzen und mit der Petersilie garnieren.

LAMMHACKBÄLLCHEN AUF BLUMENKOHL-TABOULEH

glutenfrei

Für 2 Personen
35 Min. Zubereitung
20 Min. Garen
Nährwert pro Portion:
ca. 645 kcal | 36 g EW | 45 g F | 22 g KH

250 g Lammhackfleisch
Salz
Pfeffer
1 TL Harissa (scharfe Würzpaste)
1 TL Zimtpulver
1 TL gemahlener Kreuzkümmel
1 Knoblauchzehe
2 EL heller Sesam
1 kleiner Blumenkohl (ca. 750 g, ohne Strunk und Blätter ca. 550 g)
2 Schalotten
1 Tomate
4 Stängel Koriandergrün
½ Bund Petersilie
2 ½ EL Olivenöl
1 TL Chiliflocken
½ Bio-Orange
3 Stängel Minze
150 g Joghurt (3,5 % Fett)

1. Den Backofen auf 200° vorheizen. Ein Backblech mit Backpapier belegen. Das Lammhackfleisch in eine Schüssel geben und mit Salz, Pfeffer, Harissa, Zimt und Kreuzkümmel würzen. Knoblauch schälen und dazupressen. Alles gründlich mischen, aus der Masse mit angefeuchteten Händen zehn Bällchen formen, in Sesam wälzen und nebeneinander auf das Blech legen. Die Bällchen im Ofen (Mitte) in 18–20 Min. knusprig garen.

2. Währenddessen den Blumenkohl putzen, waschen und in Röschen teilen, dabei äußere Blätter entfernen. Den Strunk schälen. Röschen und Strunk in der Küchenmaschine etwa auf Reiskorngröße zerkleinern. (Alternativ auf der Gemüsereibe fein raspeln.) Die Schalotten schälen und fein würfeln. Die Tomate waschen und klein würfeln, dabei Stielansatz entfernen. Koriandergrün und Petersilie waschen, trocken tupfen, die Blätter abzupfen und fein hacken.

3. Geraspelten Blumenkohl und Schalotten in einer Pfanne in 2 EL Öl 5–6 Min. andünsten. Tomate, Koriandergrün und Petersilie hinzufügen und alles mit Chili, Salz und Pfeffer würzen, warm halten.

4. Die Orange heiß waschen, abtrocknen und die Schale fein abreiben, dann die Orangenhälfte auspressen. Minze waschen, trocken tupfen, Blätter abzupfen und mit Joghurt, 1 EL Orangenschale, 5 EL Orangensaft und übrigem Öl verrühren.

5. Zum Servieren das Blumenkohl-Tabouleh auf Teller verteilen. Die Hackbällchen aus dem Ofen nehmen und daraufsetzen, den Joghurt-Minz-Dip dazureichen.

FISCHSPIESSE AUF MANGOMÖHREN MIT KOKOSSCHAUM

laktosefrei

Für 2 Personen
25 Min. Zubereitung
Nährwert pro Portion:
ca. 340 kcal | 30 g EW | 17 g F | 17 g KH

1 Zwiebel
250 g Möhren
½ Chilischote
½ Mango (ca. 200 g)
2 EL Rapsöl
Salz
Pfeffer
2 EL Limettensaft
200 g Kokosmilch (aus der Dose)
300 g Rotbarschfilet (ersatzweise Lengfisch, Seelachs oder Kabeljau)
4 Schaschlikspieße (aus Holz oder Metall)

1. Die Zwiebel schälen und in feine Würfel schneiden. Die Möhren putzen, schälen und in ca. 5 mm kleine Würfel schneiden. Die Chilischote waschen, halbieren, weiße Trennwände und Kerne entfernen und die Hälften fein hacken. Die Mango schälen und in kleine Würfel schneiden.

2. In einem Topf 1 EL Öl erhitzen und die Zwiebel darin andünsten. Möhren, Chili, Salz und Pfeffer hinzufügen und alles bei mittlerer Hitze ca. 8 Min. dünsten. Dann die Mangostücke und 1 EL Limettensaft dazugeben und alles bei kleiner Hitze warm halten.

3. Inzwischen in einem kleinen Topf die Kokosmilch, den übrigen Limettensaft, Salz und Pfeffer ca. 4 Min. erhitzen. Anschließend mit dem Pürierstab aufschäumen.

4. Inzwischen die Fischfilets waschen, trocken tupfen und in ca. 3 cm große Würfel schneiden. Die Fischwürfel auf die Spieße stecken. Die Spieße in einer Pfanne im übrigen Öl auf jeder Seite 2–3 Min. braten, dabei leicht salzen.

5. Zum Servieren die Mangomöhren auf tiefe Teller verteilen, die Fischspieße darauflegen und mit Kokosschaum garnieren (falls nötig, dazu nochmals kurz aufschäumen).

TIPP: Einige Bereiche der weltweiten Fischbestände sind stark gefährdet. Bevorzugen Sie deshalb möglichst immer Fisch aus nachhaltigem Fang und achten auf die entsprechenden Siegel.

LACHS MIT GRÜNEN BOHNEN AUF KARTOFFEL-SELLERIE-STAMPF

glutenfrei

Für 2 Personen
40 Min. Zubereitung
Nährwert pro Portion:
ca. 645 kcal | 37 g EW | 44 g F | 24 g KH

2 TK-Lachsfilets (à ca. 150 g, mit Haut)
200 g mehligkochende Kartoffeln
1 kleiner Knollensellerie (ca. 300 g)
300 g grüne Bohnen (frisch oder TK)
1 EL Olivenöl
Salz
Pfeffer
30 g Pekannusskerne (nach Belieben)
1 EL Butter
2 Stängel Petersilie
1 Zweig Salbei
Saft von ½ Zitrone
1 EL Kapern

1. Den Lachs in 1–2 Std. auftauen lassen. Kartoffeln und Sellerie schälen, waschen und grob würfeln, beides in einem Topf in wenig Salzwasser zugedeckt ca. 20 Min. garen. Die Bohnen putzen und waschen (TK-Ware rechtzeitig auftauen lassen). In einem Topf zugedeckt 15–20 Min. dämpfen. Den Fisch waschen und trocken tupfen, in einer beschichteten Pfanne im Öl erst auf der Haut bei mittlerer Hitze ca. 5 Min. braten. Dann wenden und noch 1–2 Min. braten, leicht salzen und pfeffern. Nach Belieben die Pekannüsse grob hacken und in einer Pfanne ohne Fett bei kleiner Hitze ca. 5 Min. leicht rösten, herausnehmen und abkühlen lassen.

2. Zum Servieren die Butter zu Kartoffeln und Sellerie geben, alles mit dem Kartoffelstampfer stampfen, mit Salz und Pfeffer würzen. Petersilie und Salbei waschen, trocken tupfen, Blätter abzupfen und grob hacken. Den Stampf auf Teller verteilen und Lachs und Bohnen darauflegen, den Lachs mit Zitronensaft beträufeln. Mit Kapern, Petersilie, Salbei und Nüssen garnieren.

OFENLACHS AUF SPINAT UND TOMATEN

glutenfrei

Für 2 Personen
15 Min. Zubereitung
20 Min. Garen

Nährwert pro Portion:
ca. 515 kcal | 47 g EW | 33 g F | 5 g KH

500 g TK-Blattspinat
1 Schalotte
1 Knoblauchzehe
150 g Kirschtomaten
Salz
Pfeffer
frisch geriebene Muskatnuss
2 Lachsfilets (à ca. 125 g)
100 g Parmesanspäne
Fett für die Form

1. Den Backofen auf 180° vorheizen. Eine kleine Auflaufform (ca. 18 × 27 cm) einfetten. Den Spinat rechtzeitig antauen lassen. Schalotte und Knoblauch schälen und in feine Würfel schneiden. Die Tomaten waschen und halbieren. Schalotte, Knoblauch und aufgetauten Spinat in der Auflaufform verteilen und mit Salz, Pfeffer und Muskat bestreuen.

2. Die Lachsfilets waschen und trocken tupfen. Auf das Gemüse setzen und leicht salzen. Zuletzt die Tomaten über Spinat und Fisch verteilen und alles mit dem Parmesan bestreuen. Den Auflauf im Ofen (Mitte) ca. 20 Min. garen.

3. Zum Servieren herausnehmen und kurz abkühlen lassen. Dann Fisch und Gemüse auf Teller verteilen.

KABELJAU MIT QUINOA UND KOHLRABI-GORGONZOLA-SAUCE

glutenfrei

Für 2 Personen
40 Min. Zubereitung
Nährwert pro Portion:
ca. 555 kcal | 40 g EW | 28 g F | 33 g KH

80 g bunte Quinoa
300 ml glutenfreie Gemüsebrühe
1 Zwiebel
400 g Kohlrabi
2 EL Rapsöl
2 Kabeljaufilets (à ca. 125 g; ersatzweise Schollenfilets)
Salz
Pfeffer
1 TL getr. Thymian
100 g Gorgonzola (max. 45 % Fett i.Tr.; ersatzweise Emmentaler, max. 45 % Fett i.Tr.)
2 EL gehackte Petersilie (frisch oder TK)

1. Die Quinoa in einem Sieb abbrausen und mit 160 ml Brühe in einen Topf geben. Aufkochen und zugedeckt bei kleiner Hitze ca. 15 Min. köcheln lassen. Inzwischen die Zwiebel schälen und fein würfeln. Den Kohlrabi putzen, schälen und würfeln. Die Zwiebel in einem Topf in 1 EL Öl anbraten, den Kohlrabi dazugeben und kurz mitbraten. Dann mit der restlichen Brühe ablöschen und noch ca. 7 Min. dünsten.

2. Die Fischfilets waschen und trocken tupfen, in einer Pfanne im übrigen Öl auf jeder Seite 2–3 Min. braten. Mit etwas Salz, Pfeffer und Thymian würzen. Den Gorgonzola in Stücke schneiden, unter den Kohlrabi heben und kurz erhitzen, sodass er zu einer Sauce schmilzt. Zuletzt die Petersilie dazugeben.

3. Zum Servieren die Quinoa und die Kabeljaufilets auf Teller verteilen und die Kohlrabi-Käse-Sauce darübergeben.

DORADENFILETS AUF BUNTEM OFENGEMÜSE

laktosefrei, glutenfrei

Für 2 Personen
15 Min. Zubereitung
20 Min. Garen

Nährwert pro Portion:
ca. 460 kcal | 32 g EW | 26 g F | 23 g KH

150 g Zucchini (ersatzweise Kürbis)
150 g Süßkartoffel
150 g Champignons
150 g Kirschtomaten
1 rote Zwiebel
1 Knoblauchzehe
3 EL Olivenöl
½ TL Chiliflocken
Salz
Pfeffer
4 Salbeiblätter
2 Doradenfilets (á ca. 125 g, mit Haut; ersatzweise Schollen- oder Kabeljaufilets)

1. Den Backofen auf 180° vorheizen. Die Zucchini putzen und waschen, längs halbieren und in ca. 1 cm dicke Scheiben schneiden. Die Süßkartoffel putzen, schälen und ebenfalls in ca. 1 cm dicke Scheiben schneiden. Die Pilze putzen, bei Bedarf mit einem Tuch abreiben und vierteln. Die Tomaten waschen. Zwiebel und Knoblauch schälen, die Zwiebel in feine Ringe schneiden, den Knoblauch fein hacken. Das Gemüse in einer kleinen Auflaufform (ca. 18 × 27 cm) verteilen und mit Öl, Chiliflocken, etwas Salz und Pfeffer gut mischen.

2. Die Salbeiblätter waschen, trocken tupfen und grob hacken. Den Fisch waschen, trocken tupfen, leicht salzen und pfeffern. Mit der Haut nach oben auf das Gemüse legen und den Salbei darüberstreuen. Alles im Ofen (Mitte) ca. 20 Min. garen. Zum Servieren die Filets herausnehmen und auf Teller verteilen, dabei Haut samt Salbei entfernen. Das Gemüse danebensetzen.

GARNELENSPIESSE MIT BUCHWEIZEN UND BROKKOLI

glutenfrei, laktosefrei

Für 2 Personen
35 Min. Zubereitung
Nährwert pro Portion:
ca. 480 kcal | 32 g EW | 23 g F | 34 g KH

80 g Buchweizen
160 ml glutenfreie Gemüsebrühe
300 g Brokkoli
250 g Champignons
2 Frühlingszwiebeln
3 EL Sesamöl
2 EL Sojasauce
200 g rohe Garnelen (küchenfertig; frisch oder TK)
2 TL Erdnussmus
2 TL heller Sesam
Pfeffer
4 Schaschlikspieße (aus Holz oder Metall)

1. Den Buchweizen in einem Sieb abbrausen und in einem Topf mit der Brühe aufkochen. Dann zugedeckt bei kleiner Hitze ca. 15 Min. quellen lassen. Inzwischen den Brokkoli putzen, waschen und in Röschen teilen, den Strunk schälen und klein hacken. Die Pilze putzen, bei Bedarf mit einem Tuch abreiben und vierteln. Die Frühlingszwiebeln putzen, waschen und in dünne Ringe schneiden. Das Gemüse in einer Pfanne in 2 EL Öl anbraten. Mit 1 EL Sojasauce würzen und alles zugedeckt ca. 10 Min. dünsten.

2. Die Garnelen waschen und trocken tupfen (TK-Ware rechtzeitig auftauen lassen und die Flüssigkeit abgießen). Die Garnelen auf die Holzspieße stecken und in einer weiteren Pfanne im übrigen Öl auf jeder Seite ca. 2 Min. braten, dabei mit der restlichen Sojasauce bestreichen. Zum Servieren Erdnussmus und Sesam unter das Gemüse heben und alles mit Pfeffer würzen. Buchweizen und Gemüse auf tiefe Teller oder Schalen verteilen, je 2 Garnelenspieße dazulegen.

GEMÜSECURRY MIT SEELACHS UND ERDNÜSSEN

glutenfrei

Für 2 Personen
25 Min. Zubereitung
Nährwert pro Portion:
ca. 430 kcal | 35 g EW | 25 g F | 16 g KH

1 Zwiebel
1 gelbe Paprika
2 kleine Möhren (ca. 150 g)
½ Brokkoli (ca. 200 g)
1 EL natives Kokosöl
1 EL glutenfreie Gemüsebrühe (Instant)
2 Seelachsfilets (à ca. 125 g)
2 EL Frischkäse (17 % Fett absolut)
100 g Kochsahne (15 % Fett)
1 TL Schwarzkümmel
1 TL Currypulver
½ TL Tandoori-Gewürzmischung
2 EL Erdnusskerne (ungesalzen)
Salz
Pfeffer

1. Die Zwiebel schälen und fein würfeln. Die Paprika waschen, halbieren, weiße Trennwände und Kerne entfernen, die Hälften in Würfel schneiden. Möhren putzen, schälen und in dünne Scheiben schneiden. Brokkoli putzen, waschen und in Röschen teilen, Strunk in Stücke schneiden. Die Zwiebel in einem Topf im Öl andünsten, Paprika, Möhren und Brokkoli hinzufügen und alles ca. 2 Min. anbraten. Brühe und 150 ml Wasser hinzufügen, alles zugedeckt bei kleiner Hitze noch ca. 8 Min. garen.

2. Inzwischen Fisch waschen, trocken tupfen und in mundgerechte Stücke schneiden. Frischkäse, Kochsahne, Schwarzkümmel, Currypulver und Tandoori unter das Gemüse rühren. Die Fischstücke unterheben, alles zugedeckt bei kleiner Hitze noch ca. 5 Min. ziehen lassen, bis der Fisch gar ist.

3. Zum Servieren die Erdnüsse grob hacken. Das Curry mit etwas Salz und Pfeffer abschmecken und auf tiefe Teller oder Schalen verteilen. Mit den Erdnüssen bestreuen.

KNUSPERSCHOLLE MIT GEMÜSE-SPAGHETTI-MIX

Für 2 Personen
25 Min. Zubereitung
Nährwert pro Portion:
ca. 480 kcal | 34 g EW | 20 g F | 39 g KH

80 g Vollkorn-Dinkelspaghetti
Salz
350 g Zucchini
150 g Möhren
2 Schollenfilets (à ca. 125 g)
2 EL zarte Haferflocken
2 EL Rapsöl
2 Kirschtomaten
3 EL Frischkäse (17 % Fett absolut)
2 EL Milch (1,5 % Fett)
2 EL TK-Kräutermischung
frisch geriebene Muskatnuss
Pfeffer

1. Die Nudeln nach Packungsanweisung in Salzwasser in ca. 8 Min. bissfest garen. Inzwischen die Zucchini putzen, waschen und mit dem Sparschäler oder Spiralschneider in spaghettiähnliche Streifen schneiden. Die Möhren putzen, schälen und ebenfalls in spaghettiähnliche Streifen schneiden. Zucchini- und Möhrenspaghetti in der letzten Minute mit den Nudeln mitgaren. Dann alles in ein Sieb abgießen und abtropfen lassen, wieder in den Topf geben.

2. Währenddessen den Fisch waschen und trocken tupfen, leicht salzen und rundum in den Haferflocken wälzen. In einer Pfanne im Öl auf jeder Seite 2–3 Min. braten. Inzwischen die Tomaten waschen und vierteln. Frischkäse und Milch unter den Gemüse-Nudel-Mix rühren. Tomaten und Kräuter unterheben und alles nochmals kurz erwärmen. Mit Muskat, Pfeffer und wenig Salz abschmecken. Die Gemüsepasta mit der Knusperscholle auf Teller verteilen.

FISCHFRIKADELLEN MIT BLUMENKOHLPÜREE

laktosefrei, glutenfrei

Für 2 Personen
25 Min. Zubereitung
Nährwert pro Portion:
ca. 450 kcal | 40 g EW | 26 g F | 12 g KH

550 g Blumenkohl (ersatzweise Möhren)
Salz
1 Zwiebel
150 g Kabeljaufilet
125 g Lachsfilet
3 EL glutenfreie zarte Haferflocken
1 Ei (M)
Pfeffer
6 Stängel Petersilie
100 g ungesüßter Sojaghurt (ersatzweise Joghurt, 1,5 % Fett, dann ist das Rezept jedoch nicht mehr laktosefrei)
1 TL glutenfreier mittelscharfer Senf
2 EL Rapsöl
50 ml ungesüßter Sojadrink
frisch geriebene Muskatnuss
½ Bio-Zitrone (in Spalten)

1. Den Blumenkohl putzen, waschen, in Röschen teilen, Strunk schälen und grob hacken. In einem Topf in 100 ml Salzwasser ca. 8 Min. garen. Inzwischen Zwiebel schälen und fein würfeln. Fisch waschen, trocken tupfen und sehr klein würfeln, mit Zwiebel, Flocken und Ei gut mischen, salzen und pfeffern.

2. Für den Dip die Petersilie waschen, trocken tupfen, die Blätter abzupfen und fein hacken. Die Hälfte zum Garnieren beiseitelegen, den Rest mit Sojaghurt, Senf, Salz und Pfeffer verrühren. Aus der Fischmasse mit angefeuchteten Händen sechs Frikadellen formen und in einer Pfanne im Öl bei mittlerer Hitze auf jeder Seite ca. 3 Min. braten.

3. Zum Servieren den Sojadrink zum Blumenkohl geben und alles im Topf mit dem Pürierstab fein pürieren. Bei Bedarf mehr Sojadrink dazugeben. Mit Muskatnuss würzen. Frikadellen und Püree auf Teller verteilen und mit der beiseitegelegten Petersilie und Zitronenspalten garnieren. Den Dip dazureichen.

MOUSSE AU CHOCOLAT MIT AVOCADO UND ORANGEN

vegetarisch, laktosefrei, glutenfrei

Für 2 Personen
10 Min. Zubereitung
1 Std. Kühlen

Nährwert pro Portion:
ca. 285 kcal | 6 g EW | 24 g F | 13 g KH

½ Orange
1 reife Avocado
1 Vanilleschote (ersatzweise ½ TL gemahlene Vanille)
1 ½ EL Kakaopulver (ungesüßt)
1 EL Xylit (Birkenzucker)
1 sehr (!) frisches Eiweiß (M)
Salz
1 EL Mandelstifte

1. Die Orange so großzügig schälen, dass auch die weiße Haut mitentfernt wird. Die Filets zwischen den Trennhäuten herausschneiden, dabei den Saft in einer kleinen Schüssel auffangen. Die Avocado halbieren und den Kern entfernen, das Fruchtfleisch aus den Schalen heben und grob zerkleinern. Die Vanilleschote längs aufschneiden und das Mark mit einem spitzen Messer herauskratzen.

2. Avocado, Vanille, Kakao, Xylit und 2 EL Orangensaft in einem hohen Rührbecher mit dem Pürierstab fein pürieren. Das Eiweiß mit 1 Prise Salz mit den Rührbesen des Handrührgeräts steif schlagen. Den Eischnee mit einem Teigschaber vorsichtig unter die Avocadocreme heben.

3. Die Mousse auf Gläser verteilen und mit Orangen belegen. Im Kühlschrank ca. 1 Std. fest werden lassen. Zum Servieren Mandeln in einer Pfanne ohne Fett leicht rösten. Herausnehmen, etwas abkühlen lassen und auf die Mousse streuen.

SCHOKO-BEEREN-TARTE OHNE BACKEN

vegan, laktosefrei

Für 1 Springform (24 cm ∅; 12 Stücke)
25 Min. Zubereitung
1 Std. Kühlen
Nährwert pro Stück:
ca. 150 kcal | 4 g EW | 9 g F | 11 g KH

6 Medjool-Datteln
75 g Mandelblättchen
75 g zarte Haferflocken
3 EL Kakaopulver (ungesüßt)
2 EL natives Kokosöl
225 ml ungesüßter Sojadrink
Salz
1 Dose Kokosmilch (400 ml; nicht schütteln!)
300 g Himbeeren (frisch oder TK)
1 Msp. gemahlene Vanille
2 TL Agar-Agar
2 EL Ahornsirup

1. Die Form mit Backpapier auslegen. Die Datteln entkernen und halbieren, mit Mandeln, Haferflocken, Kakao, Kokosöl, 100 ml Haferdrink und 1 Prise Salz im Standmixer so lange pürieren, bis eine feste Masse entstanden ist. Falls nötig, noch etwas Haferdrink hinzufügen. Die Masse mit angefeuchteten Händen in der Form gleichmäßig verteilen, dabei einen 2–3 cm hohen Rand formen, kühl stellen.

2. Für den Belag die Kokosmilch ohne Schütteln öffnen und nur die feste Creme (ca. 150 g) abnehmen. Die Beeren verlesen, waschen und trocken tupfen (TK-Ware rechtzeitig auftauen lassen). In einem Topf Kokoscreme, Beeren, Vanille, übrigen Haferdrink, Agar-Agar und Ahornsirup mit einem Schneebesen verrühren. Alles aufkochen, dann offen bei kleiner Hitze noch 2–3 Min. köcheln lassen. Die Kokosmasse durch ein Sieb passieren und noch warm auf dem Boden verteilen. Die Torte kurz abkühlen lassen, dann im Kühlschrank in ca. 1 Std. fest werden lassen. Zum Servieren in Stücke schneiden.

KOKOS-PANNACOTTA MIT MANGO-MARACUJA-MUS

vegan, laktosefrei, glutenfrei

Für 2 Personen
15 Min. Zubereitung
45 Min. Kühlen
Nährwert pro Portion:
ca. 175 kcal | 2 g EW | 5 g F | 28 g KH

200 ml Kokosmilch (aus der Dose)
2 EL Agavendicksaft
1 Msp. gemahlene Vanille
½ TL Agar-Agar
1 Maracuja
½ Mango
1 Stängel Minze
1 EL Kokosraspel (nach Belieben)

1. Die Kokosmilch mit Agavendicksaft, Vanille und Agar-Agar in einem Topf mit einem Schneebesen gründlich mischen. Alles einmal aufkochen, dann unter Rühren noch 2–3 Min. köcheln lassen. Anschließend sofort auf Dessertschalen verteilen und im Kühlschrank in ca. 45 Min. fest werden lassen.

2. Inzwischen die Maracuja halbieren und das Fruchtfleisch aus den Schalen lösen. Die Mango schälen und grob würfeln. Maracuja und Mango im Standmixer oder in einem hohen Rührbecher mit dem Pürierstab fein pürieren. Die Minze waschen, trocken tupfen und die Blätter abzupfen.

3. Zum Servieren das Fruchtmus über die Pannacotta geben und mit Kokosraspeln nach Belieben und mit Minze garnieren.

CAFFÈ-LATTE-EIS AM STIEL

vegan, laktosefrei, glutenfrei

Für 2 Personen
10 Min. Zubereitung
2 Std. 45 Min. Tiefkühlen
Nährwert pro Portion:
ca. 105 kcal | 1 g EW | 1 g F | 8 g KH

200 ml Kokosmilch (aus der Dose; nicht schütteln!)
1 Msp. gemahlene Vanille
1 EL Ahornsirup
25 ml starker Espresso
2 Eis-am-Stiel-Stäbchen (aus Holz oder Plastik)

1. Die Dose Kokosmilch öffnen und nur die feste Kokoscreme entnehmen (ca. 75 g; Rest anderweitig verwenden, z. B. für einen Porridge oder ein Getränk). Die feste Kokoscreme in einem Topf unter Rühren erhitzen und Vanille und Ahornsirup hinzufügen. Alles kurz aufkochen, dann den Espresso mit einem Schneebesen gleichmäßig unterrühren.

2. Die Mischung auf Espressotassen verteilen und im Tiefkühlfach in ca. 45 Min. anfrieren lassen. Dann die Tassen herausnehmen und jeweils 1 Eis-am-Stiel-Stäbchen in die schon etwas gefrorene Masse stecken. Das Eis im Tiefkühlfach noch ca. 2 Std. tiefkühlen. Zum Servieren herausnehmen.

TIPP: So einen tiefgekühlten Snack können Sie sich gerne als Dessert gönnen. Denn der Fettgehalt in der Kokosmilch bremst den Blutzuckeranstieg deutlich ab.

CHICORÉE-SCHIFFCHEN MIT PAPAYA-GURKEN-SALSA

vegan, laktosefrei, glutenfrei

Für 2 Personen
30 Min. Zubereitung
Nährwert pro Portion:
ca. 30 kcal | 1 g EW | 1 g F | 4 g KH

6 große Chicoréeblätter
50 g Papaya
80 g Salatgurke
30 g rote Zwiebel
½ Bio-Limette
Salz
½ TL Agavendicksaft

1. Die Chicoréeblätter waschen und trocken tupfen. Die Papaya putzen und die Kerne mit einem Löffel entfernen, das Fruchtfleisch aus der Schale lösen und in kleine Würfel schneiden. Die Gurke putzen, waschen und längs halbieren. Die Hälften mit einem Löffel entkernen und in kleine Würfel schneiden. Die Zwiebel schälen und fein würfeln. Die Limette heiß waschen, abtrocknen und etwas Schale fein abreiben. Die Limettenhälfte auspressen.

2. In einer Schüssel Papaya, Gurke und Zwiebel mit Limettenschale und -saft, etwas Salz und Agavendicksaft locker mischen. Die Chicoréeblätter auf Teller verteilen und mit der Papaya-Gurken-Salsa füllen.

TIPP: Dieser Snack lässt sich nach Lust und Laune abwandeln: Die Chicoréeblätter können Sie auch mit einem Mix aus Käse, Gurke und Ei (dann ist der Snack nicht mehr vegan oder laktosefrei!) oder Kichererbsen, Datteltomaten und Koriandergrün füllen. Wer will, verpackt die Blätter und den Salat separat und nimmt ihn für unterwegs mit.

MEDITERRANER NUSS-SNACK MIT GETROCKNETEN TOMATEN

vegan, laktosefrei, glutenfrei

Für 8 Personen
10 Min. Zubereitung
20 Min. Backen

Nährwert pro Portion:
ca. 195 kcal | 5 g EW | 16 g F | 7 g KH

50 g Mandeln
50 g Cashewkerne
50 g Macadamianusskerne
50 g Kürbiskerne
25 g halbgetr. Soft-Tomaten
2 EL Olivenöl
2 TL Ahornsirup
2 TL getr. Oregano
1 TL Knoblauchpulver
2 TL edelsüßes Paprikapulver
1 TL getr .Thymian
1 TL Chilipulver
Salz
Pfeffer

1. Den Backofen auf 160° vorheizen. Ein Backblech mit Backpapier belegen. Mandeln, Cashewkerne, Macadamianüsse und Kürbiskerne in eine Schüssel geben. Die Tomaten in Streifen schneiden, mit den restlichen Zutaten zum Nuss-Mix geben und alles gründlich mischen.

2. Die Mischung auf dem Blech verteilen und im Ofen (Mitte) ca. 20 Min. backen, dabei nach 10 Min. einmal wenden. Den Nuss-Snack aus dem Ofen nehmen und auf einem Kuchengitter abkühlen lassen. Anschließend luftdicht verpacken, so ist der Snack mehrere Wochen haltbar.

TIPP: Wem lediglich geschälte Nusskerne zu eintönig im Aroma sind, liegt mit dieser mediterranen Version richtig! Gerade für Diabetesbetroffene sollten Snacks ab sofort jedoch nur noch aus Nüssen bestehen und Süßkram ersetzen. Die kleinen Powerpakete liefern nämlich reichlich gesunde Fette und wertvolles Pflanzeneiweiß.

GEMÜSECHIPS MIT MEERSALZ UND BUNTEM PFEFFER

vegan, laktosefrei, glutenfrei

Für 8 Personen
15 Min. Zubereitung
40 Min. Backen
Nährwert pro Portion:
ca. 45 kcal | 0 g EW | 4 g F | 3 g KH

1 Rote Bete
1 kleine Pastinake
1 Möhre
Salz
3 EL Olivenöl
Meersalz
bunter Pfeffer

1. Den Backofen auf 140° (Umluft) vorheizen. Ein Backblech mit Backpapier belegen. Das Gemüse putzen, mit der Gemüsebürste gründlich waschen und auf der Gemüsereibe oder mit einem Messer in sehr dünne Scheiben schneiden (Achtung, die Rote-Bete-Knolle färbt stark!).

2. Das Gemüse mit etwas Salz bestreuen und ca. 10 Min. stehen lassen. Danach mit Küchenpapier trocken tupfen. Das Gemüse in einer Schüssel mit Öl, Meersalz und buntem Pfeffer mischen und auf dem Blech gleichmäßig verteilen. Dabei sollten die Scheiben möglichst nebeneinanderliegen, bei Bedarf mehrere Bleche verwenden. Die Gemüsechips im Ofen (Mitte) ca. 40 Min. backen, dabei ab und zu die Backofentüre öffnen, um die Feuchtigkeit abziehen zu lassen.

3. Anschließend die Gemüsechips aus dem Ofen nehmen und auf einem Kuchengitter abkühlen lassen. Luftdicht verschlossen sind sie mehrere Wochen haltbar.

DIE WICHTIGSTEN STUDIEN

Bundesärztekammer (BÄK), Kassenärztliche Bundesvereinigung (KBV), Arbeitsgemeinschaft der Wissenschaftlichen Medizinischen Fachgesellschaften (AWMF). Nationale VersorgungsLeitlinie Typ-2-Diabetes – Teilpublikation der Langfassung, 2. Auflage. Version 1. 2021 [cited: 2022-03-01]. doi: 10.6101/AZQ/000475

Durrer C, McKelvey S, Singer J, et al. A randomized controlled trial of pharmacist-led therapeutic carbohydrate and energy restriction in type 2 diabetes. *nature communications*. 2021; 12:5367. doi: 10.1038%2Fs41467-021-25667-4

Evert AB, Dennison M, Gardner CD, et al. Nutrition Therapy for Adults With Diabetes or Prediabetes: A Consensus Report. *Diabetes Care*. 2019; 42(5):731-754. doi: 10.2337/dci19-0014

Goldenberg JZ, et al. Efficacy and safety of low and very low carbohydrate diets for type 2 diabetes remission. *BMJ*. 2021; 372:m4743. (2021). doi: 10.1136/bmj.m4743

Hall KD, Guo J, Courville AB, et al. Effect of a plant-based, low-fat diet versus an animal-based, ketogenic diet on ad libitum energy intake. *Nature Medicine*, 27(2):344–353 (2021). doi: 10.1038/s41591-020-01209-1

Honsek C, Kabisch S, Kemper M, et al. Fibre supplementation for the prevention of type 2 diabetes and improvement of glucose metabolism: the randomised controlled Optimal Fibre Trial (OptiFiT). *Diabetologia*. 2018; 61(6):1295-1305. doi: 10.1007/s00125-018-4582-6

Lean ME, Leslie WS, Barnes AC, et al. Durability of a primary care-led weight-management intervention for remission of type 2 diabetes: 2-year results of the DiRECT open-label, cluster-randomised trial. *Lancet Diabetes Endocrinol*. 2019; 7(5):344-355. doi: 10.1016/S2213-8587(19)30068-3

Lean ME, Taylor R, et al. Primary care-led weight management for remission of type 2 diabetes (DiRECT): an open-label, cluster-randomised trial. *Lancet*. 2018; 391(10120):541-551. doi: 10.1016/S0140-6736(17)33102-1

Lechner K, McKenzie A, Worm N. Paradigmenwechsel in den Empfehlungen zur Ernährung bei Typ-2-Diabetes. *Info Diabetologie*. 2021; 15(1):34–43.

Sampson M, Clark A, Bachmann M, et al. Lifestyle Intervention With or Without Lay Volunteers to Prevent Type 2 Diabetes in People With Impaired Fasting Glucose and/or Nondiabetic Hyperglycemia: A Randomized Clinical Trial. *JAMA Intern Med*. 2021; 181(2):168-178. doi: 10.1001/jamainternmed.2020.5938

Schwingshackl L, Chaimani A, Hoffmann G, Schwedhelm C, Boeing H. A network meta-analysis on the comparative efficacy of different dietary approaches on glycaemic control in patients with type 2 diabetes mellitus. *Eur J Epidemiol*. 2018; 33(2):157-170. doi: 10.1007/s10654-017-0352-x

Sun Y, Liu B, Snetselaar LG, et al. Association of Major Dietary Protein Sources With All-Cause and Cause-Specific Mortality: Prospective Cohort Study. *J Am Heart Assoc*. 2021; 10(5):e015553. doi: 10.1161/JAHA.119.015553

Tay J, Thompson CH, Luscombe-Marsh ND, et al. Effects of an energy-restricted low-carbohydrate, high unsaturated fat/low saturated fat diet versus a high-carbohydrate, low-fat diet in type 2 diabetes: A 2-year randomized clinical trial. *Diabetes Obes Metab*. 2018; 20(4):858-871. doi: 10.1111/dom.13164

Taylor R, Al-Mrabeh A, Sattar N. Understanding the mechanisms of reversal of type 2 diabetes. *Lancet Diabetes Endocrinol*. 2019; 7(9):726-736. doi: 10.1016/S2213-8587(19)30076-2

Yuan S, Larsson SC. An atlas on risk factors for type 2 diabetes: a wide-angled Mendelian randomisation study. *Diabetologia*. 2020; 63:2359–2371. doi: 10.1007/s00125-020-05253-x

ADRESSEN, DIE WEITERHELFEN

Unter folgenden Adressen finden Sie seriöse Unterstützung bei der Ernährungsumstellung, orientiert an den neuesten wissenschaftlichen Erkenntnissen:

Berufsverband Oecotrophologie e.V. (VDOe)
www.vdoe.de

Bundesministerium für Ernährung und Landwirtschaft (BMEL)
www.bmel.de

Bundesverband Deutscher Ernährungsmediziner e.V. (BDEM)
www.bdem.de
(Hier erfahren Sie auch alles über die Schwerpunktpraxen für Ernährungsmedizin in Ihrer Nähe.)

Verband der Diätassistenten – Deutscher Bundesverband e.V. (VDD)
www.vdd.de

SACHREGISTER

REZEPTREGISTER

AUTOREN

Dr. Matthias Riedl ist Ernährungsmediziner, Diabetologe, Bestsellerautor sowie ärztlicher Direktor und Gründer des medicum Hamburg. Das medicum Hamburg betreut mit Ernährungsberatern, Psychotherapeuten, Diabetologen, Ernährungsmedizinern, Internisten, Kardiologen und Sportpädagogen alle Krankheitsbilder, die durch falsche Ernährung entstanden sind oder sich durch spezielle Kostformen therapieren lassen. Das interdisziplinäre Konzept des medicum Hamburg ist in Europa einmalig.

Das Hauptarbeitsgebiet von Dr. Matthias Riedl ist die Diabetologie und die Ernährungsmedizin und gilt in Deutschland als einer der Vorreiter in der Behandlung von Diabetes. Bekannt wurde er durch Fernsehauftritte, insbesondere als ERNÄHRUNGS-DOC beim NDR, und durch diverse Publikationen. Er ist im Vorstand des Bundes Deutscher Ernährungsmediziner, 2019 erhielt er von diesem den Therapiepreis wegen seiner Verdienste um die Förderung der Ernährungsmedizin. Außerdem engagiert sich Dr. Riedl in der Weiterbildung von Ärzten und ist Hochschuldozent. 2013 wurde er vom Focus in die Empfehlungsliste der Topmediziner aufgenommen. 2021 brachte er mit myFoodDoctor die erste Ernährungstherapie App auf den Markt.

Kathrin Halfwassen studierte Germanistik, Sozial- und Wirtschaftsgeschichte und Italianistik. Ihre Redakteursausbildung absolvierte sie an der Henri-Nannen-Schule, mit Stationen u. a. im Wissenschaftsressort des Sterns und bei GEOlino. Seit 2008 arbeitet sie als freiberufliche Journalistin für verschiedene Magazine wie impulse, Zeit Geschichte, emotion, Iss dich gesund und das Hagenbeck-Magazin. Besonders gern schreibt sie über Neues aus der Wissenschaft, vor allem aus den Bereichen Ernährungsmedizin, Psychologie und (Neuro-) Biologie.

Der Ratgeber spiegelt praktische und vielfach erprobte Erfahrungen aus der Sprechstunde, der Einzelberatung, den Kursen und der Lehrküche des medicums Hamburg wider. Die im Buch enthaltenen Rezepte wurden von Mitarbeiterinnen erstellt, die alle im medicum Hamburg auch Ernährungstherapien unter der Leitung von Dr. Matthias Riedl durchführen. Sie sind unter folgender Adresse erreichbar:

medicum Hamburg MVZ GmbH
www.medicum-hamburg.de

Folgen Sie Dr. Riedl auf Facebook:
http://www.facebook.com/edocriedl/

Unter **www.myfooddoctor.de** ist seit 2021 eine ernährungsmedizinische App von Dr. Matthias Riedl auf dem Markt erhältlich.

APPETIT AUF MEHR?

ISBN 978-3-8338-9257-8

ISBN 978-3-8338-9447-3

ISBN 978-3-8338-9228-8

ISBN 978-3-8338-9054-3

ISBN 978-3-8338-5997-7

ISBN 978-3-8338-9256-1

e Alle hier vorgestellten Bücher sind auch als eBook erhältlich.

G|U

Mehr von GU auf **gu.de** | **gu.verlag** | **gu.verlag**

LIEBE LESERINNEN UND LESER,

wir wollen Ihnen mit diesem Buch Informationen und Anregungen geben, um Ihnen das Leben zu erleichtern oder Sie zu inspirieren, Neues auszuprobieren. Wir achten bei der Erstellung unserer Bücher auf Aktualität und stellen höchste Ansprüche an Inhalt und Gestaltung. Alle Anleitungen und Rezepte werden von unseren Autoren, jeweils Experten auf ihren Gebieten, gewissenhaft erstellt und von unseren Redakteur*innen mit größter Sorgfalt ausgewählt und geprüft.

Haben wir Ihre Erwartungen erfüllt? Sind Sie mit diesem Buch und seinen Inhalten zufrieden? Wir freuen uns auf Ihre Rückmeldung. Und wir freuen uns, wenn Sie diesen Titel weiterempfehlen, in Ihrem Freundeskreis oder bei Ihrem Online-Kauf.

Sollten wir Ihre Erwartungen so gar nicht erfüllt haben, tauschen wir Ihnen Ihr Buch jederzeit gegen ein gleichwertiges zum gleichen oder ähnlichen Thema um.

KONTAKT ZUM LESERSERVICE

GRÄFE UND UNZER VERLAG
Grillparzerstraße 8
81675 München
www.gu.de

IMPRESSUM

© 2022 GRÄFE UND UNZER VERLAG in der Verlagsgruppe HarperCollins Deutschland GmbH,
Grillparzerstraße 8, 81675 München
produktsicherheit@harpercollins.de

ISBN 978-3-8338-8027-8
5. Auflage 2026

Alle Rechte vorbehalten. Nachdruck, auch auszugsweise, sowie Verbreitung nur mit schriftlicher Genehmigung des Verlages. Ohne die ausschließlichen Rechte des Autors und des Verlags einzuschränken, ist die Nutzung dieser Publikation zum Training generativer KI-Technologien ohne ausdrückliche Genehmigung untersagt. HarperCollins behält sich zudem gemäß Artikel 4 Absatz 3 der Richtlinie 2019/790 über den digitalen Binnenmarkt das Recht vor, diese Publikation von der Text und Data-Mining-Ausnahme auszuschließen.

Projektleitung: Elke Sieferer
Lektorat: Kathrin Gritschneder
Mitarbeit am Text: Kathrin Halfwassen
Korrektorat: Jutta Weikmann
Umschlaggestaltung und Layout: ki 36 Editorial Design, Sabine Krohberger, München
Herstellung: Petra Roth
Satz: Longo AG, Bozen
Reproduktion: Longo AG, Bozen
Druck und Bindung: Firmengruppe APPL, aprinta druck, Wemding

Die GU-Homepage finden Sie unter www.gu.de

Bildnachweis:
Grossmann/Schuerle: Food-Fotografie S. 69-183, Shutterstock: S. 2, 8, 10,16, 21, 22, 28, 34, 37, 40, 44, 50, 54, 60 und 65; Andreas Sibler: Autorenfotos Dr. Matthias Riedl; Stocksy: Coverfoto (Gericht und Hintergrund);
Ela Strickert:
Illustrationen auf S. 11 und 52;
The Noun Project: Icons

Die Fotografinnen
Maria Grossmann und Monika Schürle arbeiten seit Jahren erfolgreich zusammen in den Bereichen Food, Stilllife und Interieur in Hamburg und Berlin. Zu ihren Auftraggebern gehören namhafte Verlage, Agenturen und Redaktionen im In- und Ausland. Für dieses Buch mit im Team: Lukas Grossmann (Foodstyling).

Die Illustratorin
Ela Strickert aus Hamburg verwandelt komplexe Inhalte in anschauliche Grafiken. Mit viel Liebe zum Detail hat sie die Erklärungen und Tipps rund um das Thema Diabetes bildlich umgesetzt.

Syndication:
www.imageprofessionals.com

Wichtiger Hinweis
Die Gedanken, Methoden und Anregungen in diesem Buch stellen die Meinung bzw. Erfahrung des Verfassers dar. Sie wurden vom Autor nach bestem Wissen erstellt und mit größtmöglicher Sorgfalt geprüft. Sie bieten jedoch keinen Ersatz für persönlichen kompetenten medizinischen Rat. Jeder Leserin, jeder Leser ist für das eigene Tun und Lassen auch weiterhin selbst verantwortlich. Weder Autor noch Verlag können für eventuelle Nachteile oder Schäden, die aus den im Buch gegebenen praktischen Hinweisen resultieren, eine Haftung übernehmen.